LA CIENCIA
DE LOS
ESPÍRITUS

LA CIENCIA
DE LOS
ESPÍRITUS

Eliphas Levi

Editorial Oriente

BERBERA EDITORES, S. A. DE C. V.

© **La Ciencia de los Espíritus.**

© **Eliphas Levi.**

Edición: septiembre de 2021.

ISBN: 978-534-791-6238

Impreso en México.
Printed in Mexico

ÉLIPHAS LÉVI
– 1874 –

LA CIENCIA DE LOS ESPÍRITUS

PRIMERA PARTE

ESPÍRITUS REALES

ESPIRITUS REALES

(Introducción)

Dios o el espíritu creador, que la ciencia reconoce forzosamente como causa primordial;

Dios que es la hipótesis necesaria de la cual fluyen todas las certidumbres;

El hombre o el espíritu creado cuya vida aparente principia y acaba, pero cuyo pensamiento es inmortal;

El mediador o el espíritu de Cristo, hombre sobrehumano por el pensamiento, Dios humanizado por el trabajo y el dolor.

Tal es el triple objeto de la ciencia de los espíritus.

No pudiendo el hombre concebir cosa alguna más alta que él, se idealiza para concebir a Dios. El Cristo, mediante sus sublimes pensamientos y sus admirables virtudes, ha realizado este ideal. Es pues en Jesucristo que se debe estudiar a Dios; y como el mediador es también el prototipo y el modelo de la humanidad, es en él que todavía se debe estudiar al hombre, considerado exclusivamente desde el punto de vista del espíritu.

La ciencia de los espíritus se compendia pues, por entero, en la ciencia de Jesucristo.

Los ángeles y los demonios son meramente seres hipotéticos y legendarios; que queden pues en la poesía, no pueden pertenecer a la ciencia.

Contentémonos con los hombres, estudiemos a Jesucristo y busquemos a Dios.

Tanto menos se define a Dios cuanto más uno se ve obligado a creer en él. Negar el Dios indefinido y desconocido, principio existente e inteligente del ser y de la inteligencia, es afirmar temerariamente la más vaga y la más absurda de todas las negaciones; por eso Proudhon, esa contradicción encarnada, ha podido decir, con razón, que el ateísmo es un dogma negativo y que constituye la más ridícula de todas las creencias: la creencia irreligiosa.

Un Dios definido es necesariamente un Dios finito, y todas las religiones que pretenden ser reveladas de una manera positiva y particular, se derrumban en cuanto la razón las toca; hay una sola religión, como bien lo dijo Víctor Hugo al exclamar: *"Protesto en nombre de la religión contra todas las religiones"*.

Si Dios hubiera autorizado solamente a Moisés, no habría tolerado a Jesús. Si solo hubiese autorizado a Jesús, no habría tolerado a Mahoma. Solo puede haber una ley divina, mas hay aquí abajo una multitud de jueces y abogados que tratan de reedificar sin cesar, pese a sus perpétuos derrumbes, la Babel de las contradicciones humanas.

Pascal, ese ateo tan religioso como escéptico supersticioso que dudaba de todo ante la lógica inexorable de los números y creía en el Dios de los Jansenistas sobre la fe de un amuleto: Pascal, quien contra su voluntad no era católico porque pretendía ser demasiado católico, se atrevió a decir, que la Iglesia romana, amenazando con el infierno a los que no se adherían a sus dogmas, era siempre más prudente que los que creen en Dios como si una amenaza inhumana fuera una razón, como si al tratar de la fe el temor debiera, legítimamente, sobreponerse a la confianza.

Hacer las tinieblas para aumentar el miedo, redoblar la obscuridad de los misterios, exigir la obediencia ciega, es la magia negra de las religiones, el secreto de los sacerdocios ambiciosos que quieren sustituir el sacerdote a la divinidad, el templo a la religión misma y las prácticas a las virtudes. Este fué el crimen de los Magos que perecieron en una reacción fatal; fué el crimen de los sacerdotes hebreos contra los cuales protestó Jesús, al que crucificaron después.

¡Cómo nos impondría el cielo una ley rigurosa sancionada por suplicios eternos, y no haría clara y evidente para todos la promulgación misma de esta ley! ¡Cómo! La verdad, o más bien el libro cerrado que la contiene sería el patrimonio exclusivo de algunos fanáticos inexorables, y la humanidad entera estaría abandonada al bamboleo del error y a la fatalidad de una maldición infinita. ¡Sólo aquel que sea un maldito puede creerlo! Tal Dios se parece a esos monstruosos ídolos a quienes humedecían los labios con corazones sangrantes. Una religión exclusiva no es una religión católica, pues *católico, significa universal*.

Apoderarse de las fuerzas fatales y dirigirlas para que sean la palanca de la inteligencia, es el gran secreto de la magia. Hacer un llamado a las pasiones más ciegas e ilimitadas en su desarrollo, someterlas a obediencia de esclavos, es crear la omnipotencia. Por lo tanto, poner el espíritu bajo el imperio del ensueño, exaltar hasta lo infinito la codicia y el miedo mediante promesas y amenazas que parecerán sobrenaturales porque son contra la naturaleza; formar un ejército con la inmensa multitud de cerebros débiles y de corazones cobardes, que se volverán generosos por interés o por temor, y hacer la conquista del mundo con

este ejército, he aquí el gran sueño sacerdotal y todo el secreto político de los pontífices de la magia negra. Al contrario, ilustrar a los ignorantes, emancipar las voluntades,
librar a los hombres del miedo y gobernar por el amor; hacer accesibles a todos la verdad y la justicia; imponer solamente a la fe las hipótesis necesarias a la razón; atraer así
todos los pueblos hacia un dogma único, simple, consolador
y civilizador, he ahí la realidad divina, lo que el Evangelio
dió al mundo.

El Evangelio es el espíritu de Jesús, y este espíritu es
divino. Tal es sobre la divinidad de Jesús nuestra profesión
de fe netamente formulada.

"Mis palabras son espíritu y vida", dijo este sublime
revelador; como se ve, aquí la carne no entra para nada.

El Evangelio es la historia de su espíritu. No es la cró-
nica de su carne.

Hombre por la carne, Dios por el espíritu.

Ha muerto y ha resucitado.

"Si vosotros vivís de mi espíritu", dijo él a sus apóstoles, vuestra carne será mi carne y vuestra sangre será mi
sangre", pero estas cosas tan inminentemente espirituales,
materializadas por la estupidez de teólogos bárbaros, nos
han valido hostias sangrientas y comuniones antropófagas.

El tiempo ha llegado ya de no confundir el espíritu con
la carne. La ciencia de los espíritus es el discernimiento del
espíritu, y cuando se comprenda el espíritu de Jesucristo,
este espíritu que la Iglesia llama y adora como espíritu de
ciencia, espíritu de inteligencia, espíritu de fuerza, espíritu
de iniciativa o de consejo, y por consiguiente espíritu de libertad; cuando este espíritu, digo yo, sea comprendido, ya
no se pedirán oráculos al sueño, a la catalepsia, al sonambulismo o a las mesas giratorias. La ciencia de los espíritus
tiene como base el conocimiento del espíritu de Jesucristo,

que es la más alta expresión de las aspiraciones inteligentes y amantes de la humanidad.

Jesús, el hombre de luz y de bondad, ha sido presentido y saludado de antemano por los iniciados de todos los cultos. El Egipto, bajo el nombre de Horus, lo adoraba durmiendo sobre el seno de Isis; la India le llamaba Krishna y lo colgaba de los pechos de Devaki; los Druidas levantaban una estatua a la virgen que debía concebir; Moises y los profetas preludian con magníficos ditirambos la epopeya de los evangelios; Mahoma lo reconoce y no protesta sino contra la adoración idólatra de su carne. La humanidad es pues cristiana desde el principio del mundo. Que se disfrace de hindú, de egipcia, de judía o de turca, en todas partes la humanidad es la misma y el dogma es universal. Proclamemos, pues, hoy, la catolicidad del mundo y no excomulguemos ni siquiera a los que pretenden aislarse en un cielo cuyas nubes de gloria se forman de los vapores de la hoguera en que se quemaría la humanidad entera. Vendrá una época, y está cercana, en que tales ideas inspirarán horror al mundo, que nadie se atreverá a profesarlas abiertamente, y que la memoria de los inquisidores de todos los cultos será condenada por la inquisición del desprecio.

Una de las grandes pirámides de Egipto estaba medio escondida por montones de arena. Las hordas nómadas del desierto, siglo tras siglo, habían amontonado sobre ella construcciones híbridas e inmundicias, de tal modo que ya no se le veía. Llega un gran príncipe y quiere despejar ese lugar para construir un templo; se cava alrededor de las basuras, se escala, se demuele y la gran pirámide reaparece en toda su majestad.

Esto es un apólogo.

La guerra que la filosofía hace a la iglesia no la destruirá, sino que ha de libertarla, pues la Iglesia es la socie-

dad de los hombres animados por el espíritu de Jesucristo.
A medida que las supersticiones religiosas, o mejor dicho
irreligiosas bajan, el Evangelio sube; es estable, es eterno,
inconmovible, cuadrado por la base y simple como las pirámides. Siempre hay una lógica en el poderío; fuerzas sin
razón serían fuerzas sin alcance y por consiguiente sin efecto. Si pues el Evangelio es un poderío, es porque hay una
lógica en el Evangelio.

La lógica o la razón, el *logos* del poder supremo, es
Dios. Esta razón, esta lógica universal ilumina a todas las
almas razonables: luce en las obscuridades en la duda; pe-
netra, desgarra las tinieblas de la ignorancia, y las tinieblas
no pueden asirla, encerrarla, aprisionarla. Esta razón habla
por boca de los sabios, se ha resumido en un hombre que
por eso ha sido llamado el logos hecho carne, o la gran re-
zón encarnada.

Los milagros de este hombre han sido milagros de luz,
es decir de inteligencia y de razón. El ha hecho comprender
a los hombres que la verdadera religión es la filantropía. El
vocablo es moderno, pero se encuentra textualmente en el
evangelio griego de San Juan. El ha hecho ver que no es en
tal ciudad, ni sobre tal montaña, ni el templo que se debe
buscar a Dios, sino en espíritu y en verdad. Su enseñanza
ha sido simple como su vida. Amar a Dios, es decir al espíritu y la verdad más que a cualquier cosa y al prójimo
como a nosotros mismos; he aquí toda la ley, decía él.

Es así como abría los ojos de los ciegos, obligaba a los
sordos a oír y a los cojos a caminar derecho. Las maravillas
que operaba en los espíritus han sido contadas bajo esta
forma alegórica tan familiar a los orientales. Su palabra se
ha vuelto un pan que se multiplica, su poder moral un pie
que camina sobre las olas, una mano que apacigua las tempestades. Las leyendas se han multiplicado con la admira-

ción siempre creciente de sus discípulos. Cuentos encantadores semejantes a los de "Las mil y una noches", dignos de los siglos bárbaros que creemos haber atravesado pero que no han terminado aun de tomar estas graciosas ficciones por realidades materiales y groseras, de discutir anatómicamente la virginidad material de María, de establecer entre las manos de Jesús una panadería invisible y milagrosa para multiplicar los panes en el desierto, y ver correr sangre globular y serosa, sangre antropófaga sobre las blancas y puras hostias que protestan contra la sangre y que anuncian el cumplimiento del sacrificio para siempre.

El Evangelio pertenece a la ciencia como monumento de la Fe, pero no como documento histórico. Es el símbolo de las grandes aspiraciones de la humanidad. Es la leyenda ideal del hombre perfecto. Esta leyenda, ya la había esbozado la India al contar las maravillosas encarnaciones de Vischnu, en la persona de Krishna. Krishna es también hijo de una virgen. La casta Devaki, criando a su hijo divino, se halla en el Panteón hindú y se parece a una imagen de María. Cerca de la cuna de Krishna se ve la figura simbólica del asno; su madre lo lleva para sustraerlo a un rey celoso que quería hacerlo morir. Si los Vedas no fueran anteriores al Evangelio, se creería que todo eso ha sido copiado de nuestro Nuevo Testamento. ¿Podemos decir que todo eso es despreciable y que no contiene nada de divino? Creemos que es preciso arribar a una conclusión diametralmente opuesta.

El espíritu del Evangelio es eterno y su fórmula es la de las aspiraciones de la humanidad tan antigua como el mundo. La idea de una encarnación, es decir de la manifestación de Dios en el hombre, se encuentra en todos los dogmas de los santuarios antiguos; el libro de ocultismo "Siphra Dzeniuta", que contiene sobre Dios las más altas doctrinas

del judaísmo, nos representa a la Divinidad saliendo de la
humanidad como una luz y a la humanidad bajando de la
divinidad como una sombra, es decir, que habiendo Dios
creado al hombre, el hombre, a su turno, está llamado a
realizar y a crear, en cierto modo, la idea de Dios.

Que el Evangelio sea un libro simbólico, los apóstoles
no lo han negado. Cristo es el fundamento, dice San Pablo,
y sobre este fundamento algunos han edificado con piedra,
otros con madera, y otros con paja. El fuego probatorio vendrá, y todo lo que no es sólido será aniquilado. Así es como
se puede explicar la elección que más tarde se ha hecho de
los libros canónicos y la repulsa definitiva de los Evangelios
apócrifos.

San Juan también lo dice: "Jesús hizo y dijo todavía
muchas cosas, que si quisiera escribirlas todas, no creo que
el mundo entero pueda contener los libros que con ellas se
podrían hacer". Pues bien, el campo de la historia es limi-
tado, pero el de la alegoría es inmenso, y si Juan no hubiera querido indicar con estas palabras el verdadero alcance
del Evangelio, habría dicho un absurdo.

Pero aunque los apóstoles callaran, la evidencia hablaría
de sobra. ¿Es preciso, por ejemplo, demostrar a gentes razonables que el diablo, es decir, el personaje ficticio que representa el mal, no ha transportado material y efectivamente
a Jesús sobre una montaña tan alta que de allí podía ver
todos los reinos de la tierra?

El Evangelio está lleno de semejantes historias, com-
puestas conforme al genio de los hebreos, que ocultaban
siempre su doctrina secreta mediante enigmas e imágenes;
conforme también al genio de Jesús, el cual, según dicen los
evangelistas, no hablaba casi nunca sin parábolas. El *Talmud*
entero está compuesto según este método, por eso Maimó-

nides dice que los absurdos más evidentes de este libro encubren secretos de la más alta sabiduría.

Observaremos solamente, dice el abate Chiarini en su *Teoría del Judaísmo*, que, para estudiar el *Talmud*, es además indispensable echar una ojeada sobre las antigüedades religiosas de todos los pueblos del Oriente, para no achacar, como se hace ordinariamente, al solo judaísmo, el estilo alegórico y ese inmoderado amor a las fábulas sagradas, común a todos los intérpretes de las religiones orientales.

¿Se debe creer que bajo todas estas alegorías la persona real de Cristo desaparece y se aniquila? ¿Es menester pensar, con Duphuis y Volney que la existencia humana y personal de Jesús es tan dudosa como la de Osiris, tan fabulosa como la del hindú Krishna? ¿Cómo se atrevería uno a afirmarlo, ya que Jesucristo vive todavía en sus obras, que está presente en su espíritu, ya que ha cambiado, y seguramente transfigurará la faz entera de la tierra? Se ha puesto en duda la existencia de Homero; pero ¿de cual Homero? Del de los comentadores tal vez; pero ¿no está allí la *Ilíada* y la *Odisea*? ¿Se han compuesto solos estos divinos poemas? Hay mucho trecho sin duda entre estos libros admirables y el poema viviente del Cristianismo, esta *Ilíada* de mártires donde los dioses combaten y son vencidos por mujeres y niños; a esta *Odisea* de la Iglesia, la cual, tras persecuciones y tempestades, llega, mendicante sublime, hasta el umbral del palacio de los Césares, lanza con brazo victorioso las flechas que atraviesan los corazones de sus enemigos y se sienta sobre el trono del mundo.

El espíritu de Jesús existe más cierta y más evidentemente que el genio de Homero. Pero este es un espíritu de abnegación y de sacrificio, y por eso es divino. Tanto menos se busca el hombre, cuanto más se encuentra; tanto más se descuida, cuanto más merece la adopción del cielo; tanto más se olvida de sí, cuanto más se acordarán de él. Ahí están, en pocas palabras, los grandes secretos de la omnipotencia del cristianismo.

Jesús que ha dado estos preceptos también ha dado el ejemplo. Se aniquiló frente a su obra. El hombre se ha vuelto un símbolo y es así como se hizo Dios. El Evangelio nos cuenta que llevó a sus discípulos a una montaña y que en su presencia se transfiguró. Su cara se pareció al sol y sus vestimentas se pusieron blancas como la nieve, es decir, que el hombre desapareció en la luz de la nueva revelación.

Más tarde la tradición, completando la leyenda, dijo que, al subir al cielo, Jesús no dejó nada de él sobre la tierra, salvo su espíritu derramado en toda la Iglesia y la imborrable huella de sus pies sobre la cima de la montaña.

¿Por qué buscar ahora, ya sea en Nazareth, o ya en Bethlem, la cuna del niño que fué Jesucristo, con la esperanza de encontrar sobre un trozo de pañal, huellas de su vida meramente humana? Tiempo ha que el cuchitril de José está destruido y con los pañales del Salvador, blanqueados por la Virgen, se han hecho hilas para las llagas de la humanidad.

Jesús ha resucitado, ya no está aquí.

¿Por qué buscáis a un vivo entre los muertos?

El Evangelio de Jesús transfigurado; la epopeya de su admirable espíritu, son los milagros de su moral representados por las más patéticas imágenes. No hay que borrar una palabra de este libro, no se debe agregarle una sola letra. Pues es el testamento divino del hombre que se sacrificó por nosotros. Busquemos allí luces de fe y no datos para la historia de las creencias consoladoras, ni probabilidades científicas. Cuando los antiguos estatuarios del Oriente representaban a los dioses, les daban formas híbridas y monstruosas, para hacer comprender a todos que los dioses no son hombres. Así mismo, los evangelistas, al relatar hechos materialmente imposibles o cabalmente contradictorios, han querido dar a comprender que no escribían una simple historia, sino un profundo símbolo y que aquí, como en todos los libros sagrados, la letra que mata sirve solo de velo al espíritu que vivifica.

Es pues una impiedad, una verdadera profanación buscar, fuera de la huella que ha dejado sobre la montaña al subir al cielo, los rastros meramente humanos y materiales de este hombre, que mediante el más perfecto de los sacrificios, se ha sublimado al confundirse, por así decirlo, con Dios.

Empero, si todos los críticos enemigos del cristianismo quisieren documentos para la historia de este hombre, no es desfigurando el Evangelio o agregándole variantes de fantasía, ni dando a sus milagros tomados al pie de la letra grotescas explicaciones, cómo lograrán hacer algo razonable.

Jesús era judío, ha vivido y ha muerto entre los judíos.

Son judíos los que lo han conocido, lo han acusado y condenado, y si diez y nueve siglos después de su glorificación se quiere revisar su proceso, es menester oír a los judíos., Pues a pesar de las risibles aserciones de Duphuis y de Volney, los judíos afirman la existencia real de Jesús y lo acusan aún de varios crímenes, sus recuerdos están consignados en el *Talmud*, ese inmenso y completo repertorio de todas sus tradiciones. Vidas de Jesús redactadas según el *Talmud* y amplificadas con comentarios rencorosos, han sido escritas por cabalistas y rabinos. Conocemos dos: el "Sepher Toldos Jeshu" y el "Maase Talouy", o sea la historia del ahorcado.

Hemos buscado y hallado estos libros de los cuales damos un fiel análisis, descartando solamente las divagaciones

y las injurias. Se comprenderá al leerlos por qué la grande
y antigua sabiduría de Israel rechaza y desprecia nuestros
misterios. ¡Cuán deplorable desacuerdo separa a los padres
de los hijos! Es como si dijéramos que hay otro Dios. Como
si David hubiera blasfemado cuando dijo a los amos del
mundo: "Vosotros sois dioses y moriréis como hombres".
Como si el mismo Jesús no hubiera dicho: "Yo retorno a
mi Padre, vuestro Padre; voy hacia vuestro Dios y mi Dios".
Mas ¿para qué abogar por una causa que no tiene jueces?
Aquí veo solamente partes interesadas, como al demasiado
ilustre Mr. Renan, y a Mr. Veuillot, ultramontano tristemente célebre, y detrás de estos dos abogados comprometer-
dores, una plebe más ardiente que hábil. ¿Para quién pues
escribiré yo? Mi libro no tendrá alcance para mi siglo si no
trillo uno de los surcos abiertos por estos cultivadores de
terrenos baldíos, pero ¿qué me importa? He consagrado toda
mi vida a la verdad y la diré para quien quiera y pueda
comprenderla; si no es dentro de un día, será dentro de un
año; si no dentro de un año, lo será dentro de un siglo;
pero estoy tranquilo, pues yo sé que allá se llegará.

No tendré entusiasmo ni descorazonamiento. No busco
prosélitos y no temo a los adversarios; no quiero ni un Tabor ni un cadalso, pero me resigno tanto al uno como al otro.
La verdad no proviene de nosotros, y no es nuestra. Insensato es el que la esconde como el que la revela y se glori-
fica de ello. He visto a hombres que la *vendían* como se
vendió al Salvador; pero los que han creído pagarla eran
unos inocentes y unos locos. La *verdad* no es una prostituta, *no se vende*, se entrega a los que la aman y la buscan
con gran sinceridad.

La ignorancia de la mayor parte de los cristianos acerca de la teología de los judíos, de su exégesis, de su *Talmud*,
de su Cábala, les impide comprender bien el genio de los

Evangelios que vieron la luz en la Judea. Todos los doctores judíos concuerdan para ver alegorías en las tradiciones que el pueblo elegido quería ocultar a la inteligencia de los profanos.

Maimónides, ya lo hemos dicho, encuentra tanta más ciencia y profundidad en las fábulas talmúdicas, cuanto más parecen desprovistas de buen sentido, pues la enormidad misma de los absurdos es un preservativo contra la credulidad ciega que toma todo a la letra; preservativo jerárquico, por decirlo así, que ilumina tan sólo a los sabios y ciega más y más a los insensatos.

Es para los sabios que escribimos. Daremos en primer lugar la noticia talmúdica sobre Jesús, después analizaremos rápidamente los evangelios canónicos y consagrados, haciendo resaltar su genio; buscaremos en los evangelios apócrifos las manifestaciones excéntricas de este genio universal.

Estudiaremos las hipótesis de los más antiguos y más grandes sabios del mundo. Volveremos después a considerar la cuestión de los espíritus y de los milagros; investigaremos sus principios y examinaremos, para explicar mejor los antiguos, los que ocurren hoy día. Diremos nuestra última palabra sobre el espiritismo, y nuestro libro, por entero, será un homenaje al verdadero cristianismo y a la eterna razón.

HISTORIA DE JESUS SEGUN
LOS TALMUDISTAS

En el año seiscientos setenta y siete del cuarto milenio después de la creación del mundo, durante los días del rey Janne, por otro nombre llamado Alejandro, una gran desgracia vino en ayuda de los enemigos de Israel.

Nació cierto bribón, hombre sin conciencia y sin moralidad, descendiente de una rama excluida de la tribu de Judá, quien tenía como nombre José Panther.

Este hombre era alto, de gran fuerza y de una hermosura notable. Había pasado la mayor parte de su tiempo en el libertinaje, las rapiñas y las violencias y vivía en Bethlem, ciudad de Judea. Tenía por vecina a una viuda cuya hija se llamaba María, la misma María peinadora de mujeres, que se menciona en varias partes del *Talmud*. Cuando esta joven llegó a la adolescencia, fué desposada con un joven llamado Jochanan, dotado de gran modestia, de notable dulzura y verdadero temor a Dios.

Y sucedió por desgracia que José, al pasar delante de la puerta de María, la vió y se sintió presa por ella de una pasión impura; por eso pasaba y volvía a pasar continuamente, aunque ella ni siquiera lo miraba.

Cayó en estado de consunción y su madre viéndolo languidecer, le dijo: ¿Por qué estás enflaqueciendo y palideciendo? El contestó: es porque me muero de amor por María que es novia de otro. Su madre le respondió: No tienes por qué atormentarte y desesperarte por eso; haz lo que yo te diré y podrás acercarte y hacer con ella lo que te plazca.

José Panther obedeció a su madre y daba sin cesar vueltas ante la puerta de María, asechando una oportunidad que no se presentaba. Un día sábado, habiéndose vestido como Jochanan y la cabeza tapada con una capa, halló a María sobre el umbral de su puerta, la tomó de la mano y sin decirle una palabra, la llevó dentro de la casa. Ella, creyendo que era su novio, le dijo: No me toques, la hora en que he de ser tuya no ha llegado todavía, y en este momento estoy amparada por el achaque ordinario de mi sexo; pero él, sin hacerle caso, llevó a cabo su designio y volvió a su casa; más tade, a media noche, atormentado todavía por su pasión, se levantó y fué nuevamente a casa de María, la cual principió a quejarse y le dijo con enfado: ¿Por qué vienes a ultrajarme por segunda vez, tú que yo creía incapaz de abusar de nuestro compromiso? ¿Cómo es posible que agregues el crimen a la vergüenza, ya que el estado en que estoy ahora debe hacerme sagrada para ti? Pero él no hizo caso de sus palabras. Sin decir nada, aplacó su deseo y se fué. Tres meses después, alguien dijo a Jochanan que su novia estaba embarazada, y Jochanan muy horrorizado, fué donde su preceptor Simeón, hijo de Schetach, y habiéndole referido el caso, le preguntó lo que debía hacer. Su maestro le preguntó: ¿Tienes sospecha de alguien? Jochanan respondió: Tengo sospechas tan sólo de José Panther que es un gran libertino y que vive en la vecindad. Su maestro le dijo: Oye mi consejo y calla.

Si este hombre ha gozado una vez de tu novia, puede ser

que busque cómo verla otra vez. Trata de sorprenderlo, llama testigos y has que el gran Sanedrín lo juzgue. El joven se retiró muy triste, pensando tan sólo en la desgracia de su novia y en la vergüenza que podía recaer sobre él; abandonó la Judea y se fué a residir en Babilonia.

María tuvo después un hijo que llamó Jehosuah, nombre de su tío materno. Cuando creció el niño, su madre le dió como maestro a Elchanan y el niño adelantaba mucho, pues tenía el espíritu bien dispuesto para la inteligencia de las cosas.

Esto está sacado y traducido textualmente del *Sepher Toldos Jeshu*.

La infancia de Jesús está contada de la manera siguiente por los autores talmudistas del *Sota* y del *Sanedrín*, que se citan en la página 19 del libro de la disputa de Jechiel:

El rabino Jehosuah, hijo de Perachiah, que después de Elchanan continuó la educación del joven Jesús, lo inició en las ciencias secretas, pero Janne hizo matar a todos los iniciados; para escapar a esta proscripción Jehosuah huyó a Alejandría en Egipto.

Esta matanza de iniciados substituída a la de los inocentes nos parece muy notable, sobre todo si recordamos que en el libro 1.º de los Reyes, se dice que Saúl, iniciado hace poco por los profetas, era un niño de un año cuando ascendió al trono. Pues bien. Saúl tenía en realidad más de veinte años. Era costumbre, en las iniciaciones proféticas de la Judea, como en la Francmasonería moderna, designar el grado de los iniciados por una edad simbólica, y el Evangelio, al hablar de la matanza de niños de dos años y aun de menos edad, no contradice la aserción del *Talmud*, lo que por otra parte, haría históricamente más aceptable el relato evangélico.

Se puede hallar rastros de la proscripción de los caba-

listas, siempre perseguidos y denunciados por la sinagoga
oficial, pero no se encuentra ninguno de esa abominable car-
nicería de niños que nos subleva el ánimo, y que habría in-
famado para siempre el reinado de Herodes, si es a Herodes,
como lo dice el Evangelio y no a Janne, como lo pretenden
los talmudistas, que se debe imputar la proscripción de que
se trata.

Aquí los talmudistas principian a rodear su pensamiento
de alegorías.

He aquí lo que cuentan: Jesús y su maestro Ben-Perachiah fueron pues a residir a Alejandría, en casa de una
señora rica y sabia que los recibió con honra y les ofreció
todos sus tesoros. Se comprende que esta señora es el Egipto
personificado. El joven Jesús dijo al verla: Esta mujer es
hermosa, pero tiene un defecto en los ojos que perjudica la
rectitud de su mirada. Esta tierra es hermosa, pero es un
magnífico destierro. Entonces, su maestro se enojó porque
había encontrado alguna hermosura a la Egipcia y porque
admiraba la tierra de la esclavitud. Jesús le dijo: No hay
esclavitud para los hijos de Dios y la tierra que los lleva
es siempre de Israel. Ben-Perachiah entonces maldijo a su
discípulo y lo despidió. Jesús se sometió humildemente y se
allegaba a menudo a la puerta del maestro, rogándole que
tuviera a bien recibirlo; el rabino quedó inflexible. Un día,
sin embargo, mientras estaba leyendo los mandamientos de
Dios que prescriben amar al prójimo, Jesús se presentó y el
maestro arrepentido le hizo señas de que espere, teniendo la
intención de aplacarse y de recibirlo; pero Jesús creyendo
que lo rechazaba una vez más, se fué y no volvió. Nuestros
padres han hecho mal, dicen los doctores del *Talmud* a ese
propósito, de rechazar a Jesús sin oirlo, y sobre todo de mal-
decirle con las dos manos. No peguemos jamás con las dos
manos al que queremos castigar, guardemos una para levan-

tarlo, consolarlo y sanarlo. Palabra que contiene todo un deve-
nir, palabra que, algún día debe promover la reconciliación entre los hijos y los padres, pues, nosotros también hemos maldecido a los judíos rechazándolos con las dos manos; ahora,
pues, es también con las dos manos que, para expiar esta
falta recíproca, de ambas partes, habrá que perdonarse y
bendecirse! Pero volvamos a la historia de Jesús según los
autores del Talmud.

Hemos visto que el joven iniciado había admirado la
ciencia del Egipto y había sido despedido por su maestro y
por haber soñado con una conciliación entre la filosofía
del destierro y la religión de la patria. La persecusión contra los cabalistas se apaciguó y Jesús volvió a la Judea con
su maestro, o por lo menos al mismo tiempo que él. ¿De qué
manera había vivido en Egipto? Sin duda trabajando en su
oficio de carpintero. Cuando volvió a entrar en su ciudad na-
tal que, según los talmudistas, no era Nazareth sino Bethlem,
pasó delante de los ancianos que estaban reunidos, según la
costumbre, cerca de la puerta de la ciudad, y no los saludó:
pero acertó a pasar su maestro Jehosuah Ben-Perachiah y Jesús lo saludó, lo que provocó la murmuración de los ancianos.
En efecto, el joven los despreciaba porque no eran iniciados
a la verdadera ciencia, y reconocía como su superior al que
le había abierto la puerta de ella. Los ancianos indignados
lo llamaron hijo de la mujer impura. Esto sorprendió a Jesús, pues, siempre había considerado a su madre como un
modelo de pureza. Fué a consultar a uno de sus tíos, el mismo del cual llevaba el nombre, y éste le reveló la desgracia
de María y el misterio de su nacimiento. Jesús se retiró con
el corazón desgarrado y no volvió a casa de su madre, pero
principió a predicar la nueva ciencia, la de la reconciliación
de las naciones y de la religión universal que había soñado

en Egipto. Aquí, los autores cuentan las bodas de Canaan,
en Galilea, donde Jesús encontró a su madre y cuando ésta
quiso hablarle, le contestó ásperamente: Mujer, ¿qué hay
de común entre tú y yo? Después, viendo que la pobre mujer se resignaba con suavidad, se le conmovió el corazón,
reunió a sus discípulos, les contó el crimen de Panther y les
preguntó: ¿Creeis que yo pueda honrar a este hombre como
Padre? No, contestaron a una voz. ¿Creeis que mi madre sea
impura? No, contestaron ellos. Pues bien, dijo Jesús, no tengo padre sobre la tierra, Dios que está en el cielo es mi padre; en cuanto a mi madre, su virginidad no ha podido ser
afectada por un crimen al cual no ha consentido. La consi-
dero siempre como virgen. ¿Lo creeis como yo? Sí, contestaron sus discípulos. Y es por eso, agregan los autores judíos,
que todos los que creyeron en Jesús, decían que era hijo de
Dios y de una virgen. Esta historia apócrifa, por ofensiva
que sea para los lectores cristianos, no carece de cierta gran-
deza; se puede notar que los mayores enemigos del cristianismo rinden homenaje involuntario a la pureza de María y
al elevado carácter de Jesús.

Aquí principia la relación de los milagros, que lejos
de negarlos parecen empeñados en exagerarlos. Su recuerdo
era pues todavía muy vivo y poderoso entre los judíos. He
aquí como ellos explican estos milagros.

Existe, dicen ellos, en el santuario del Dios viviente, una
piedra cúbica cuyas combinaciones explican las virtudes del
nombre incomunicable. Esta explicación es la clave de todas las ciencias y de todas las fuerzas ocultas de la naturaleza. Es lo que se llama el *Shema Hamphoraseh*. Esta piedra está custodiada por dos leones de oro que rugen en
cuanto se quiere acercar a ella. Los lectores de nuestras obras
saben lo que es el *Shema Hamphoraseh* y reconocerán en los
dos leones los gigantescos querubines del santuario, cuya

figura monstruosa y simbólica era capaz de espantar y repeler a los profanos. Estas puertas del templo eran, por lo demás, bien custodiadas, agregan nuestros rabinos, y la puerdel santuario se abría tan sólo una vez al año y solamente para el Sumo Sacerdote; pero en Egipto, Jesús había aprendido los grandes misterios de la iniciación y había fabricado llaves invisibles con las cuales podía entrar sin ser descubierto. Copió los secretos de la piedra cúbica, los escondió en su muslo, así como en la mitología griega vemos a Júpiter esconder a Baco; después salió y principió a asombrar al mundo. A su voz, los muertos se levantaban y los leprosos sanaban; hacía subir del fondo del mar piedras que estaban sepultadas desde siglos; estas piedras formaban una montaña sobre el agua, y desde la cima de esta montaña, Jesús instruía a la multitud. Aquí hallamos bajo el genio del simbolismo oriental el motivo secreto del odio de los sacerdotes contra Jesús. Revelaba al pueblo la verdad que querían esconder sólo para ellos, había adivinado la teología oculta de Israel, la había comparado con la sabiduría del Egipto, y allí había encontrado el fundamento de una síntesis religiosa universal. Trataron pues de perderlo y mandaron cerca de él a un falso hermano llamado Judas Iscariote, para hacerle incurrir en algunas faltas y entregarlo a sus enemigos. En el momento mismo en que los jefes de la religión estaban más irritados contra Jesús, fué este Judas que le indujo a efectuar una entrada triunfal a Jerusalem, que provocó un tumulto en el templo: Al mismo tiempo corrieron la voz de que Jesús encantaba los árboles volviéndoles estériles, de que blasfemaba contra la ley de Moisés y que quería hacerse adorar como Dios. Sin embargo, Jesús venía todos los días al templo, pero como los judíos rezan con la cabeza tapada, se perdía en esta multitud envuelta en thaliths blancos. Judas prometió a los sacerdotes entregarlo y al mismo tiempo promover un gran escándalo que lo desacreditara ante el espíritu del pueblo. Llegó con una tropa de gentes adictas a los fariseos y prosternándose ante Jesús lo adoró. Los cómplices de Judas, gritando que era un sacrilegio, quisieron echarse sobre Jesús. Los discípulos de Jesús trataron de defenderlo, logró huir y se refugió en el jardín de los Olivos, donde fué seguido y aprehendido por los guardias del templo. Entonces se le encerró en una prisión donde quedó durante cuarenta días, durante los cuales se hizo pregonar a son de trompa, su acta de acusación, pidiendo que alguien se encargara de su defensa, pero nadie se presentó. En consecuencia, Jesús fué flagelado como sedicioso, después lapidado como blasfemador, en un lugar llamado Lud o Lydda; se le dejó morir sobre una cruz en forma de horca. Algunos de sus discípulos que eran ricos rescataron su cuerpo y aparentaron ponerlo ostensiblemente en un sepulcro, pero lo llevaron secretamente y lo enterraron en el lecho de un torrente cuyas aguas habían desviado para cavar su tumba; después dejaron que las aguas volvieran a seguir su curso. Esto explica por qué no se encontró el cuerpo cuando sus discípulos declararon que había resucitado.

A este relato fundamental, los autores del *Sepher Toldos Jeschu* han agregado fábulas ridículas, sacadas evidentemente de leyendas cristianas alteradas o disfrazadas. Es así como encontramos la historia de la ascensión de Simón el Mago, atribuída a Jesucristo en persona, con la intención evidente de confundir al Mesías de los cristianos con el famoso impostor. Por eso también, Simón-Pedro o Cefas está confundido con Simeón el Estilita, prueba evidente del escaso valor histórico de este *Sepher*, que fué compuesto seguramente varios siglos después del principio de la era cristiana. Los documentos talmúdicos son más serios, pues el *Talmud* es la compilación de todas las tradiciones judaicas, y es sólo allí, fuera de los monumentos cristianos, donde se debe buscar el recuerdo de este personaje tan importante para la historia, pero que ha sido ignorado o despreciado por todos los autores profanos.

Estas tradiciones que llevan grabado el menosprecio y odio para el sabio que los judíos han crucificado, contienen declaraciones preciosas a favor de las creencias cristianas.

De los datos del *Talmud*, resulta, en efecto, según las tradiciones judaicas:

1.º—Que Jesús ha existido realmente;

2.º—Que nació en Bethlem;

3.º—Que su madre, de una conducta intachable estaba solamente desposada con un hombre justo y temeroso de Dios, incapaz, por consiguiente de abusar de su novia.

4.º—Que el nacimiento extraordinario de Jesús se explica tan sólo por un milagro, o por un atentado que los judíos han debido necesariamente suponer, ya que reconocían la alta moralidad de la joven virgen y que no admitían el milagro.

5.º—Que Jesús fué perseguido por la Sinagoga a causa del misterio de su nacimiento, y más aún a causa de la superioridad de su doctrina.

6.º—Que esta doctrina implicaba la iniciación a los secretos de la más alta teología hebrea, conforme sobre muchos puntos con la filosofía transcendental de los iniciados egipcios.

7.º—Que efectuaba cosas prodigiosas, sanando enfermos, resucitando muertos y adivinando las cosas ocultas.

8.º—Que se le pudo condenar y hacerle morir solamente por traición.

9.º—Que no se pudo encontrar su cuerpo cuando sus discípulos declararon que había resucitado.

Razonablemente, no podemos pedir más a los doctores
hebreos adversarios de Jesucristo.

Las aserciones del *Talmud* y del *Sepher Toldos Jeschu*
son reproducidas en el *Nizzachon vetus* o antiguo libro de
la Victoria; en la controversia del rabino Jechiel y en otras
compilaciones rabínicas. El *Sepher Toldos* al que los judíos
atribuyen una gran antigüedad y que escondian de los cristianos con precauciones tan grandes que durante mucho tiempo no se pudo encontrar, este libro fué citado por primera
vez por Raimundo Martín de la orden dominicana, hacia
fines del siglo XIII. Poco tiempo después, Porchetus Salva-
ticus publicó algunos fragmentos, de los cuales se aprove-
chó Lútero y se hallan en las obras de este reformador, en
el volumen VII, edición de Jena; pero no se conocía todavía
el texto hebraico. Este texto, hallado al fin por Munster y
por Buxtorf, fué publicado en 1681 por Cristóbal Wagen-
seilius en Nuremberg, y en Francfort, en un opúsculo titulado *Tela ignea Satanae*, Flechas ardientes de Satanás.

Este libro ha sido, sin duda, escrito por un rabino iniciado en los misterios de la Cábala; está escrito por dentro
y por fuera, para usar una expresión de San Juan, el gran
iniciado cristiano, es decir que encierra un sentido oculto y
un sentido vulgar. Los cuentos absurdos que lo componen son
parábolas que el autor pretende oponer a las de los evangelios. Se reprocha dos cosas a Jesús: 1.º—De haber sor-
prendido o adivinado los grandes misterios del templo. 2.º—
De haberlos profanado, revelándolos al vulgo que los ha desfigurado y mal comprendido.

Según el autor del *Sepher Toldos*, no pudiendo él re-
mover la piedra cúbica del Templo, ha fabricado una piedra
de arcilla que enseñó a las naciones como siendo la verdadera piedra cúbica de Israel. Comparemos eso con la decla-
ración de San Pablo en una de sus epístolas: "Sólo la na-

turaleza podía revelar Dios a los hombres, y son inexcusables de no comprenderlo. Pero, ya que en efecto, no llegaban a Dios por la sabiduría, ha sido menester salvarlos por la locura y pedir a la fe lo que no se conseguía con la Ciencia". *Quoniam non cognovissent per sapientiam Deum, placuit per stultitia praedicationis salvos facere credentes.*

Esta locura de la fe es la que los judíos no quieren comprender y llaman piedra de arcilla, como si la fé, que es la confianza del amor, no fuera también durable y a menudo más invencible que la razón; como si el amor, que es la razón de la fe, no fuera también la razón de la existencia de los seres sometidos a las investigaciones de la ciencia. Cuando ya no sabe más, él principia a crecer, y cuando la razón extenuada se detiene y cae en el umbral del infinito, la fe despliega sus alas, se lanza, desgarra las nubes, hace bajar hasta el suelo la luminosa escalera de Jacob y sonríe dulcemente tendiendo su mano a su hermana.

Al principio, tal vez, los cristianos han glorificado la fe, de manera que se pudiera creer que renunciaban a la razón; por eso los judíos han quedado entre nosotros, celosos guardianes de las antiguas tradiciones, protestando eternamente contra todas las idolatrías. Son adversarios que nos observan y con los cuales nos reconciliaremos algún día, probándoles que toda la disidencia que los separa de nosotros, descansa sobre una equivocación.

En los libros atribuídos a Hermes, se encuentran estas extrañas lamentaciones del sabio Trismegisto: "Ay, hijo mío, vendrá un día en que los jeroglíficos sagrados se volverán ídolos; se tomarán los signos de la ciencia por dioses, y se acusará al Gran Egipto de haber adorado monstruos. Pero los mismos que nos calumniarán así, adorarán la muerte en lugar de la vida, la locura en vez de la sabiduría; maldecirán el amor y la fecundidad, llenarán sus templos de osamentas consumirán la juventud en la soledad y las lágrimas. Las vírgenes serán viudas de antemano y morirán en la tristeza, porque los hombres habrán despreciado y profanado los sagrados misterios de Isis".

Los judíos nos acusan de haber realizado lo que el profeta egipcio anunciaba con anticipación. Hemos despreciado el Dios verdadero, dicen ellos, y adoramos la carne de un ahorcado. Rendimos culto a estas reliquias de la muerte que Moisés declaró inmundas. Obligamos a nuestros sacerdotes y a nuestras monjas a un celibato que reprueba la naturaleza y que condena el que ha dicho: "Creced y multiplicaos".

En cuanto a la moral de nuestros evangelios, confiesan que es pura, no reprochan nada a nuestros apóstoles, y el autor del *Sepher Toldos Jeschu* dice, que San Pedro era un servidor del Dios Verdadero, que vivía en la austeridad y la penitencia, componiendo himnos y que vivía en lo alto de una torre; que predicaba la misericordia y la dulzura, recomendando a los cristianos no maltratar a los judíos. Pero, agrega el mismo autor, después de la muerte de Cefas, otro doctor vino a Roma y pretendió que San Pedro había alterado las enseñanzas del Maestro. Mezcló un falso judaísmo a las prácticas cristianas, amenazó a los que no le obedecieran con un infierno ardiente y fangoso; prometía a la multitud un milagro en confirmación de su doctrina; pero como erguía orgullosamente la cabeza hacia el cielo, una piedra cayó de lo alto y lo aplastó. Que perezcan así todos tus enemigos, Señor, agrega al terminar el autor del *Sepher,* y todos los que te aman sean como el sol cuando luce en toda su fuerza.

Así pues, según los judíos que aceptan el *Sepher Toldos Jeschu* no es el cristianismo, sino el anticristianismo que los repele.

Pues bien, el anticristianismo apareció en efecto dentro de la Iglesia desde los primeros siglos y en la época misma de los apóstoles. El Anticristo, decía San Juan, es el que divide a Cristo, y ya está en este mundo.

En otra parte, este apóstol escribe que no se atreve a visitar sus fieles, porque un prelado orgulloso, llamado Diotrephes, les prohibe recibirlo.

Sabed, decía San Pablo, que ya se está cumpliendo el misterio de iniquidad, de suerte que el que persiste ahora, persistirá hasta su muerte, después se manifestará el hijo de la iniquidad que se pone encima de todo lo que es divino, hasta llegar a poner su asiento en el templo de Dios, dando a entender que es Dios, hasta que el Señor lo aniquile por el espíritu de su palabra y por la luz esplendente de su segundo advenimiento.

Jesús era un verdadero profeta y un verdadero sabio, dicen los musulmanes, pero sus discípulos se han vuelto insensatos y lo han adorado como Dios.

Sin embargo, judíos y musulmanes se equivocan, no adoramos a Jesús como un Dios diferente del Dios único. Decimos como el Micael de los hebreos: *Quis ut Deus?* Con los creyentes de Islam, decimos: No hay otro Dios sino Dios; pero este Dios único, indecible, universal, lo adoramos manifestando la perfección humana en Jesucristo. Creemos en una alianza íntima de la divinidad con la humanidad, de donde resulta, para emplear el lenguaje de los teólogos, no la confusión, sino la comunicación de los idiomas; Dios adoptando las debilidades humanas para sanarlas e invistiendo esta humanidad que eleva hacia él con su fuerza y sus esplendores. Toda alma dotada del sentido interior que adora, todo corazón ansioso de la necesidad de amar hasta el infinito, sentirá que, en esta concepción sublime y solamente en ésta, se determina y se cumple el ideal religioso; que todos los

sueños dogmáticos y simbólicos han podido ser tan sólo la
investigación y el alumbramiento de esta síntesis, a la vez
humana y divina; que Dios en nosotros y nosotros en Dios
con Jesucristo y por Jesucristo, es la paz, es la fe, es la esperanza, es la caridad sobre la tierra; es en el cielo, la eternidad de la vida y de la felicidad. He aquí por qué ninguna religión podrá reemplazar jamás al cristianismo en el mundo.
¿Qué cosa se podría agregar al infinito? ¿Qué idea sería más
grandiosa y más consoladora a la vez, que la del hombre
Dios, estableciendo con su ejemplo la gran ley de la abnegación que realiza los sacrificios, consagrando así, para siempre, la alianza y en cierto modo, la identificación de Dios con
la humanidad?

Los antiguos creían que no conviene decir la verdad a
todos, a lo menos de la misma manera, y ocultaban la ciencia bajo el velo de la alegoría. Es así como se han formado
las mitologías.

Nuestro siglo que, contra la evidencia misma, no admite
en principio la desigualdad de las inteligencias, abomina la
mitología. Se buscan ahora hechos históricos y positivos, hasta en las teogonias de Sanchoniaton y de Hesiodo, Lo que
no se comprende se tilda de absurdo y de necedad, y de
esta manera, Mr. Renan, mutilando y estropeando los textos
de la leyenda evangélica, ha inventado su pretendida *Vida de
Jesús*.

El Jesús de Mr. Renan, especie de pastorcillo entusiasta,
entregado a un como onanismo intelectual, medio loco, medio
bribón, perdonándolo todo, con tal que se le adore, es, pese a
la suave poesía de la cual lo rodean las reminiscencias verdaderamente cristianas del autor, un ser ridículo y odioso.
No es el Jesús de la leyenda evangélica.

Además, ¿cómo es posible que Mr. Renan, que es, según
se dice, un distinguido hebraizante, haya ignorado o despre-

ciado el *Sepher Toldos Jeschu*, las tradiciones talmúdicas y los evangelios apócrifos?

Es porque el genio simbólico repugnaba a su imaginación fría y positiva. Es que quería agradar a los ignorantes cuya pereza intelectual rechaza todo cuanto requiere trabajo para ser comprendido. Es que buscaba un éxito de boga, y es preciso reconocer que lo consiguió plenamente.

Pero lograr hacer una obra agradable no es lograr hacer una obra buena. "Haga, pues, para refutar a Mr. Renan. algo que se lea como su libro", nos decía un gran artista, quien, en esta circunstancia, no dió prueba de ser un gran crítico. No podemos nosotros, en nombre de la ciencia, aceptar ese desafío. Al decir la verdad, no será uno leído tan universalmente ni con tanto afán, pero será leído por lectores más distinguidos y durante mucho tiempo.

El Evangelio es un libro simbólico, lo que no prueba que Jesús no haya existido nunca. Rousseau decía que el autor de semejante historia sería más asombroso que el héroe. Estamos muy conformes con este parecer. El Jesús bastante grande por la inteligencia y el corazón para crear esta leyenda admirable, es superior al que el vulgo adora tontamente o niega más tontamente aún; es verdaderamente la encarnación siempre viviente del Verbo de verdad y lo saludamos como hijo de Dios, con todo el resplandor y toda la energía del término.

Hasta ahora se ha visto solamente del Evangelio la letra que mata y la corteza que se seca; venimos a revelar su espíritu y su vida. Mis palabras, decía Jesús, son espíritu y vida, y para comprenderlas, la materia y la carne no sirven de nada.

Pero para explicar este texto sagrado, ¿cuáles son nuestras autoridades? La ciencia y la razón.

—Pero la fe lo ha explicado de otra manera.

—La fe ciega, sí; la fe ilustrada, no.

—Pero sólo Dios puede ilustrar la fe.

—Sí, por la razón y la ciencia que son también hijas de Dios.

Dicho esto, principiemos nuestro estudio.

Cristo significa ungido o sagrado, es decir sacerdote y rey. El cristianismo es la religión jerárquica de las almas y la monarquía del sacrificio más perfecto.

El cristianismo de Jesús era una doctrina secreta que tenía sus signos, sus símbolos y sus diferentes grados de iniciación.

Para los santos o elegidos, el dogma cristiano era una alta y profunda sabiduría; para los simples catecúmenos, era una maravillosa y oscura revelación. Sabemos que el Maestro se expresaba tan sólo por parábolas, y ocultaba la verdad bajo el velo transparente de las imágenes, a fin de proteger la nueva ciencia de las flasfemias de la ignorancia y las profanaciones de la maldad. "No echéis vuestras perlas a los puercos, decía él, porque no las hollen bajo los pies y que volviéndose contra vosotros os devoren". Por eso, Jesús nada escribió y dejó a sus apóstoles sus tradiciones y sus métodos de enseñanza.

Pues bien, he aquí lo que, en el fondo, era el dogma cristiano:

La inteligencia es eterna; es expansiva porque es viviente. La vida de la inteligencia, su expansión, es la palabra, el Verbo; el Verbo es eterno como la inteligencia, y lo que es eterno es Dios.

El Verbo se manifiesta por la acción creadora que produce la forma, se revistió de la forma humana, y la carne convertida en vestidura del Verbo ha sido el Verbo mismo en cuanto fué su expresión exacta: Así el Verbo se ha vuelto carne.

El Verbo perfecto, es la unidad divina expresada por la vida humana. El hombre verdadero, es nuestro Señor, Jefe del cual todos los fieles son miembros. La humanidad, constituída sobre una escala jerárquica y progresiva, tiene como jefe al que es Dios, porque es, al mismo tiempo, el mejor de los hombres, el que ha muerto por nosotros para revivir en todos. Nosotros, pues, somos un solo cuerpo cuya alma debe ser la de Jesucristo, nuestro prototipo y modelo, el Verbo hecho carne, el Hombre-Dios.

En principio, pues, todo debe ser común entre nosotros como entre los miembros de un mismo cuerpo; pero, de hecho, cada miembro debe contentarse con el rango que ocupa, y el orden jerárquico es sagrado como la voluntad de Dios.

Cristo, al revelar la ley de la unidad, que es la ley del amor, dió al espíritu el poder de vencer el egoísmo de la carne, que es división y muerte, e instituyó un signo llamado Comunión, para oponerlo al egoísmo, que es el espíritu de de división y de discordia.

Pues bien, la comunión no era sino la caridad figurada por una mesa común, y como el Cristo había entregado su carne al dolor y a la muerte para legar a sus fieles el pan fraternal al que unía para el porvenir su pensamiento perseverante y su vida nueva, les decía: Comed todos, esto es mi carne! y decía del vino de la fraternidad: Bebed todos, es mi sangre, pues la vertiré por entero para confirmaros la realidad de este signo.

La comunión era la fraternidad divina y humana, y, por consiguiente, era también la libertad; pues, ¿dónde puede haber un opresor entre hermanos cuyo padre es Dios mismo?

El cristianismo era un cambio muy radical y venía a trastornar al mundo antiguo. Eso basta para justificar la necesidad de los misterios; porque el mundo, hace mil ochocientos años, debía estar menos dispuesto que hoy día, a dejarse derribar.

Sin embargo, Cristo quería efectuar las revoluciones solo con la fuerza moral, sabiendo muy bien que solamente esta no es ciega; había sembrado el grano de mostaza, y decía a sus discípulos que esperaran el árbol; había colocado la levadura en la pasta y pedía que se la dejara fermentar.

La vida de Cristo estaba contenida por entero en su doctrina y para sus discípulos, sobre todo, su existencia debía ser exclusivamente moral. Lo que él decía, lo hacía en el dominio del espíritu; por eso es que los libros evangélicos contienen el dogma y la moral en parábolas, y a menudo el Maestro mismo es el objeto de los relatos alegóricos de sus apóstoles.

Debemos buscar las pruebas solamente en los evangelios apócrifos; sobradas razones de conveniencia nos impiden tocar ahora los evangelios consagrados. Empero, no aprobamos ni censuramos los trabajos del doctor Straus, ya que no somos jueces en Israel.

Principiemos por la narración de algunas leyendas sacadas de estos antiguos libros tan poco estudiados en nuestros días.

DE LOS EVANGELIOS APOCRIFOS

PRIMERA LEYENDA

COMO UNA MUJER LLORABA POR NO SER MADRE Y TUVO UNA HIJA QUE FUE LA MADRE DE DIOS

Había una mujer llamada Hannah, que era estéril porque su marido se había alejado de ella.

Esta mujer estaba pues triste y apesarada como la Sinagoga cuando esperaba al Mesías.

Llegó la época de las pascuas nuevas y no se atrevió a ponerse trajes festivos, porque no era madre y sus sirvientas mismas le reprochaban su esterilidad.

Salió pues y se dejó caer debajo de un laurel.

En aquella época, Roma acababa de sojuzgar al mundo.

Y sobre las ramas de éste laurel, vió un nido de gorriones y lloró amargagmente repitiendo:

—Yo no soy madre.

Entonces el espíritu del Señor le habló y le dijo: Me conmueve tu dolor y te traeré tu esposo.

Porque mi oreja está siempre inclinada hacia los labios de los que lloran.

Tú dices: No he dado luz a un hombre, y yo te prometo algo más venturoso, pues parirás la mujer sin pecado.

Aquélla a quien yo diré, por boca de la humanidad:

¡Vos sois mi madre!

La Sinagoga dará luz a la Iglesia de donde saldrá el principio de la asociación católica; la esclavitud engendrará la libertad, la mujer esclava dará luz a la mujer pura y libre.

Al oir estas palabras, Hannah sintió que sus lágrimas cesaban de correr; se levantó y echó a correr, pues presentía que su esposo no estaba lejos.

Lo encontró arreando su rebaño, volvía del campo diciendo: Esta noche dormiré en mi casa.

Ella lo abrazó diciéndole: Mañana dejaré de ser estéril.

Y sucedió tal como lo había creído, y al cumplirse el plazo, fué madre.

Pero sus compañeras que la felicitaban le dijeron, para moderar su alegría: No es más que una mujer.

—Que se la llame María respondió Hannah, y que el mundo espere, pues mi hija tendrá un niño.

María será madre de Dios.

Sus compañeras no comprendieron lo que quería decirles, pero envolvieron a la niña en paños blancos y la colocaron en una cuna nueva, admirando cuán hermosa era.

Cuando la pequeña María alcanzó tres años, sus padres la llevaron al templo, y como la habían dejado en el suelo, subió sola las gradas del altar.

Así pues, a una edad tan tierna, su religión ya fué libre, no le fueron impuestas sus creencias.

Quedó en el templo hasta la edad de catorce años y se enamoró de la belleza eterna, y por eso dijo: Yo soy la sierva del Señor.

Por eso, jamás fué la sierva de un hombre.

El espíritu de amor no había bajado todavía sobre la tierra y se consideraba la generación como una mácula. El hombre era hijo de la carne, y el cristianismo no lo había hecho todavía hijo de Dios.

SEGUNDA LEYENDA

COMO DIOS QUISO QUE UN VIEJO COMPAÑERO CARPINTERO SE CASARA CON UNA VIRGEN DE SANGRE REAL

Había entonces, en la tribu de Judá, un buen anciano llamado José, carpintero de oficio, viudo y padre de varios hijos, muy trabajador, aunque medianamente hábil, sencillo en el pensar, pero equitativo en sus juicios, por lo que se le apodaba el Justo; era el verdadero modelo del hombre del pueblo, el tipo del genuino proletario.

La virgen debía serle confiada, porque el pueblo pobre sabe lo que cuesta la familia y comprende mejor que nadie la santidad del hogar, la pureza de la joven y la dignidad de la madre.

José pues, habiendo oído tocar las trompetas del Templo, que anunciaban el décimo cuarto año después del nacimiento de María, dejó su hacha y se fué a Jerusalem.

Allí se congregaban jóvenes de todas las tribus que codiciaban la belleza de María; todos soñaban en la felicidad de poseerla; José pensaba en la dicha de ser su amigo y de trabajar para mantenerla, dejándola dueña de sí misma.

El Gran Sacerdote dijo a los jóvenes: Tomen en su mano una varita; aquél cuya varita floresca y sobre su cabeza se pose la paloma, será el esposo de María.

Pero cuando María miró, ninguna varita de estos pretendientes estaba florecida, y la paloma no encontró donde descansar.

En burla se llamó entonces al viejo José que había quedado aparte; y él fué quien tenía la varita florida.

Entonces la paloma descansó y María le alargó la mano.

José le dijo:

—¿Cómo es que el señor me ha elegido para que sea vuestro esposo? pues soy viejo y tengo hijos grandes.

María le contestó:

—Sois justo y no oprimiréis a la virgen que Dios os confía. He prometido a Dios no ser la sierva de un hombre. Sed mi padre, pues todos los jóvenes que aquí están me desean sin amarme y yo no consentiría sus deseos afrentosos.

José le dijo:

—Que así sea. La condujo a su casa a Nazareth, donde la dejó, y volvió a trabajar a Capharnaum.

Pues bien, María era de raza real y sacerdotal, y como dote trajo al artesano José, la herencia de la realeza y del sacerdocio.

Así, por haber comprendido la dignidad de la virgen, y por haberse constituído en su protector, el simple artesano se hizo sacerdote y rey; el mundo cambió de amos.

María había escogido, como guardián, no a un sacerdote o a un rey, sino a un pobre carpintero llamado José, porque era justo.

Y ese fué el principio de este reino de la justicia que, pese a los esfuerzos de los malvados, se establecerá al fin sobre la tierra.

TERCERA LEYENDA

COMO LA VIRGEN SE HIZO MADRE SIN PECADO, Y DE LA ANSIEDAD DE JOSE

En aquel tiempo, habiendo salido María a buscar agua, se acercó a ella un joven muy hermoso y cerca de la fuente le dijo: Os saludo, llena de gracia.

María se turbó y volvió precipitadamente a su casa, pero allí se encontró nuevamente al mismo joven que la saludó otra vez, diciéndole: No tengáis miedo, soy un ángel del Señor, es El que me envía a vos.

Lo que le dijo después está en los evangelios, donde se ve que este joven era el ángel Gabriel.

Pero los judíos maliciosos pretendieron que era un soldado llamado Panther, que vino a ver a María varios días seguidos.

Seis meses después, José volvió a Nazareth y quedó consternado al ver que la virgen estaba encinta.

El le preguntó cómo era posible que haya sucedido eso y ella contestó llorando: No falté a mis promesas y no soy infiel ante Dios ni ante vos.

José sabía muy bien que no la había tocado ni hecho uso de sus derechos sobre ella, ya que lo había elegido solamente como amigo y como guardián.

Sin embargo, se le oprimió el corazán; no la interrogó más, pero pensaba despedirla.

Una noche que se había dormido con este pensamiento, una mano lo tocó y le habló una voz.

Abriendo los ojos, vió ante sí al mismo ángel que había aparecido a María.

—Padre José, le dijo, has prometido proteger a María ¿por que quieres abandonarla cuando más tiene necesidad de los cuidados de un padre y de un amigo?

No es tuya, eres tú quien pertenece a ella, ¿por qué pretendes abandonarla?

Has prometido respetar los secretos de su pudor; la dejaste virgen y volviste a hallarla pronta para ser madre. Honradla siempre como virgen y protégela como madre.

¿Por qué rechazarías al niño cuyo padre no conoces? ¿No sabes que siempre Dios es padre de un niño?

Amalo, pues, por María que se confió a ti, y guárdalo en nombre de Dios, su padre. Así evitaréis toda la maldad de los hombres, y tu casa será bendita.

José meditó en estas palabras durante el resto de la noche: al llegar la mañana, fué a ver a María y le dijo:

Perdóname, os he avergonzado yo, vuestro padre; soy vuestro amigo y os he hecho llorar.

Pensaba en despedirte cuando ibais a ser madre; y ¿quién os habría recibido si vuestro viejo José os hubiera abandonado?

Guardad vuestro secreto que es el de Dios, yo guardaré vuestro hijo, que también es de Dios, y será para mi una honra poderlo cuidar como si fuera mío.

María le contestó: Bendito seas porque la verdad eterna habló a vuestro corazón.

Podías deshonrarme y no lo habéis hecho. Por eso, vuestro nombre será venerado, y cuando las generaciones me llamen María, la Bienaventurada, os llamarán José, el Justo; y el hijo de Dios os llamará padre, porque sois semejante a Dios que es justo y bueno, y os asistirá en vuestro postrero día, porque habéis sido fiel guardián de su nacimiento.

CUARTA LEYENDA

POR QUE MARIA REIA Y LLORABA AL IR A BETHLEM, Y DE SUS DOS MATRONAS ZELOMI Y SALOME

Después de eso, José fué obligado a ir a Bethlem con María, para obedecer al edicto de César Augusto.

Y mientras estaban caminando, José, mirando a María que iba sentada sobre un asno, vió que lloraba y le dijo: ¿Por qué lloráis?

María le contestó: Veo un gran pueblo que llora, y mi hijo se atormenta en mi seno.

Pues, están allí, acostados sobre la tierra desnuda, como ovejas flacas y esquiladas hasta la piel, y como pastores, tienen carniceros.

José miró alrededor de él y nada vió. Pensó que María se sentía mal a causa del avanzado estado de su embarazo.

Un momento después la miró y vió que sonreía, aunque todavía las lágrimas humedecieran sus ojos.

—¿Sonreíais ahora?, le preguntó él.

—Sí, contestó María, pues veo una multitud que es feliz porque mi hijo rompió sus cadenas.

—Cálmate, le dijo José bondadosamente, espero que llegaremos pronto y que podréis descansar; no os canséis con desvaríos y palabras inútiles.

Entonces se presentó un ángel que dijo a José: ¿Por qué tratas de inútiles las palabras que no entiendes?

Disponed que María se apee, pues el tiempo apura y es aquí donde debe parir; y con el dedo le señaló la entrada de una caverna.

María entró en esta caverna, que se iluminó por completo cuando sola y sin dolor dió a luz un niño.

Sin embargo, José que había salido para ir en busca de ayuda, trajo dos matronas, la primera llamada Zelomi y la segunda Salomé, diciéndoles:

—Una virgen acaba de parir y ha quedado virgen.

Zelomi vió la luz celeste y creyó en las palabras de José, porque comprendió que había hablado conforme con el espíritu del Señor.

Pero Salomé quedó incrédula, y porque quiso tocar a María, su mano y su corazón se secaron.

María tuvo lástima de ella y le dijo: Es así como la vana curiosidad seca a los que quieren juzgar las cosas del espíritu con el testimonio de los sentidos.

Zelomi representa la fe y tú representas la razón. Ella sabe porque cree, y tú ignoras porque dudas; ella es sana y activa, y he aquí que tú estás enferma y paralizada, pero si tú besas a mi hijo sanarás, pues serás sencilla como él si concientes en amarlo.

Salomé creyó en las palabras de la madre, se prosternó ante el niño, lo tomó en sus brazos y lo meció suavemente, besándolo con respeto.

Entonces se sintió sana, y quedó con Zelomi al servicio de María y de Jesús.

Se llevó después a Jesús a un establo y se le acostó en un pesebre, como está dicho en el libro de los Evangelios, y los pobres pastores de los campos vecinos vinieron a saludar a este niño del pueblo nuevo, cuyo nacimiento ya hacía temblar a los reyes del mundo antiguo.

QUINTA LEYENDA

COMO EL HIJO DEL CARPINTERO SUAVIZABA LA HIEL DE LAS SERPIENTES

En aquel tiempo el rey Herodes, teniendo miedo del hijo del pobre artesano, hizo matar a todos los niños de Bethlem.

Pues el egoísmo usurpador de la tierra no quiere que haya lugar para todo el mundo, y ha puesto la muerte de centinela ante las puertas de la vida.

José se vió entonces obligado a huir con María y su hijo.

Cuando estaban sobre los confines de la Judea, se sentaron a la sombra cerca de una caverna donde jugaban algunos niños.

Repentinamente, dos enormes serpientes salieron silvando de la caverna, y los niños huyeron gritando desaforadamente.

Pero el niñito Jesús hizo una seña y las serpientes quedaron quietas ante él, como adorándolo, y arrastrándose despacio, apaciguadas, poco a poco colocaron sus cabezas a los pies de la madre.

José quiso entonces golpearlas con su bastón.

Pero se lo impió María, diciéndole: "Déjalas vivir, pues su veneno se ha trocado en miel, y ya que han dejado de dañar, no tenéis el derecho de matarlas .

Está escrito que la mujer aplastaría la cabeza de la serpiente, pero si la serpiente puede dejar de ser mala y de envenenar con sus mordeduras, ¿por qué no tendría lástima de ella como de los demás seres vivientes?

Dios nada ha creado que sea inútil, y cuando todas las criaturas guarden el rango que les ha sido asignado, cesarán de dañarse unas a otras.

¿No está escrito que los dragones mismos y las serpientes de la tierra deben alabar a Dios? No destruyas, mas instruye y dirige a los seres vivientes.

Los niños que habían huído, viendo que las serpientes no hacían daño ni a Jesús ni a María, volvieron paso a paso y se atrevieron a jugar con los reptiles; y las serpientes jugaban con ellos, sin dañarlos ni irritarse, pues, con una sola mirada de sus ojos dulces y un gesto de su mano tierna, Jesús los había despojado de todo su veneno y de toda su cólera.

SEXTA LEYENDA

DEL GRANDE Y MARAVILLOSO REBAÑO QUE SE REUNIO ALREDEDOR DEL NIÑO EN EL PESEBRE

Cuando Jesús atravesaba el desierto en los brazos de su madre para ir a Egipto, los tigres y los leones salían de sus antros y los seguían; las panteras se acostaban a los pies de María para servirles de cojín mientras descansaba; los unicornios cavaban la tierra para hacer brotar vertientes, los leviatanes le suministraban su sombra; los ciervos y las gacelas se mezclaban sin temor con los leones y los tigres, pues Jesús venía a dar paz al mundo y a derramar su dulzura en toda la naturaleza.

Este innumerable rebaño de todos los animales de la tierra, símbolo de todas las pasiones humanas, caminaba alrededor de la divina madre, y un niño los conducía.

LA PALMERA DEL DESIERTO

Llegaron a una soledad donde no había animales vivientes, ni vertientes ni fuentes, y al buscar alguna sombra, encontraron solamente una palmera.

María se apeó de su montura y se sentó a la sombra de esta palmera, y viendo que estaba cargada de frutas, dijo a José:

—Me gustaría probar estas frutas, pues el calor es excesivo.

José le respondió:

—El árbol es demasiado alto y ya no soy joven.

Jesús dijo entonces a la palmera: Agáchate y presenta tus frutos a mi madre.

Entonces la palmera se doblegó y presentó sus frutas a María, quien cogió algunas y las ofreció a Jesús y a José.

Después, como quedara así doblada e inclinada sobre su tallo, Jesús le dijo: Enderézate, y la palmera se enderezó. Jesús le dijo:

—Dadnos agua de la fuente escondida que baña tus raíces; e inmediatamente, de entre las raíces de la palmera brotó una vertiente límpida.

Y Jesús dijo también a la palmera:

—No morirás y fuctificarás de nuevo en el jardín de mi padre.

Pues todas las criaturas han sido dadas a los hombres para su uso, y deben someter a toda la naturaleza mediante el trabajo; entonces dirán a las montañas: Niveláos y las montañas se nivelarán; y a los árboles: Dad vuestras frutas, y los árboles se inclinarán; y a las fuentes: Sube y brota, y las fuentes subirán y brotarán; y los hijos de la mujer consolarán a su madre, y le dirán: Descansa y refréscate, pues es para servirte que la naturaleza nos obedece.

Un ángel apareció entonces sobre la cima de la palmera, cogió una rama y volvió a seguir su vuelo hacia el cielo para plantar la palmera del desierto en las campiñas del porvenir, que será el reino de Dios.

La tierra, entonces ya no será una madrastra, porque será libre, y el antagonismo impío no la obligará a ser estéril.

—Entonces el hombre dispondrá de la omnipotencia de Dios, hablará a la naturaleza y la naturaleza le obedecerá.

Eso es lo que Santiago el Menor, apóstol del Santo Evangelio, quiso decir con esta leyenda de la palmera.

OCTAVA LEYENDA

LOS TRES MALHECHORES

Hemos descrito más extensamente esta leyenda. Héla aquí en toda su simplicidad, y tal como la encontramos en los Evangelios de la Santa Infancia.

La Santa Familia del Salvador, proscrita por Herodes, encontró dos ladrones en el desierto. Estos ladrones se llamaban, según unos, Titus y Dumachus; según otros, Dimas y Gestas; hemos seguido la costumbre de los hebreos al llamarlos en nuestra leyenda, Johanan y Oreb, es decir el Misericordioso y el Hombre de Sangre.

Uno de ellos, que era Oreb, quiso degollar a la Santa Familia.

Pero Johanan se opuso a ello, y sirviendo él mismo de guía a los viajeros, les dió la hospitalidad en su caverna.

Dios se acordó de la misericordia y de la hospitalidad del ladrón: Jesús sobre la cruz, le perdonó sus pecados y le prometió a su turno la hospitalidad en el cielo.

Así pues, los fariseos debían crucificar tres malhechores, y entre estos había de encontrarse el justo por excelencia y el culpable arrepentido.

Para que se sepa que la justicia de los hombres no será más que un azote mientras peque para castigar y no para sanar; que todo pecador que coopera a una sentencia de muerte asume, tal vez, la responsabilidad del deicidio.

Vosotros, pues, que sois, sin duda, exentos de pecado, ya que os atrevéis a tirar la primera piedra al culpable, recordad a los tres malhechores, y tened cuidado de no pegar en el medio o a la derecha cuando queráis pegar a la izquierda.

NOVENA LEYENDA

DE COMO A LA LLEGADA DEL SALVADOR A EGIPTO CAYERON LOS IDOLOS DE ORO Y PLATA, Y DE LOS SERES DEPRAVADOS QUE PERECIERON

Está escrito en los Evangelios de la Infancia y en las crónicas antiguas que al nacer el Salvador tuvieron lugar varios milagros.

Primeramente, los oráculos callaron en Delfos y en toda la tierra, lo que significa que las antiguas religiones habían cumplido su tiempo, y que el Verbo divino, habiendo penetrado muy adentro de la humanidad y resumido en Jesús, los antiguos oráculos ya nada tenían que decir, sino para servirle de testimonio, como ocurrió en Egipto y en otras partes.

El segundo milagro simbólico del advenimiento del Salvador fué la muerte de todos los seres depravados que ultrajaban la naturaleza con los extravíos de sus deseos; lo que es preciso entender tan solo moralmente, porque la pureza y la castidad acababan de revelarse al mundo y de rehabilitar la generación humana.

Se agrega también que todas las aguas amargas se volvieron dulces y potables, para dar a entender que la doctrina de la fraternidad debía suavizar todos los pensamientos y servir como refrigerio a las almas ahitas de odio y de cólera.

Los antiguos evangelistas dicen también que cuàndo sus padres se levantaron de la sombra de la palmera milagrosa de la leyenda precedente, Jesús abrevió su viaje y se encontraron a las puertas de Memfis; entonces todos los ídolos de Egipto cayeron prosternados y la estatua de Isis, dejando caer de sus brazos el simulacro de Horus, bajó de su pedestal. Es fácil comprender todas estas imágenes poéticas. La doctrina de Cristo, abrevia, para la humanidad, el tiempo del exilio, los cultos han concluído por cuanto fueron reemplazados por un culto más perfecto, y las imágenes vagas cedieron el lugar a imágenes más exactas, como al fin estas cederán su lugar a la realidad.

DÉCIMA LEYENDA

DE COMO CUANDO JESUS VOLVIA DE EGIPTO LOS CAUTIVOS ROMPIERON SUS CADENAS

Las verdades nuevas no encuentran asilo seguro en ninguna parte.

Jesús había tenido que abandonar la Judea para evitar las sospechas homicidas de Herodes, y el encono de los sacerdotes iba a perseguirlo en Egipto.

José supo que Herodes había muerto, y partió con María y su hijo para regresar a Nazareth.

Se lee en el capítulo 13.º del evangelio de la Infancia, uno de los más antiguos evangelios apócrifos, que la Santa Familia, a su regreso, pasó cerca de una caverna donde unos ladrones detenían sus cautivos.

Al acercarse el Santo Niño, los ladrones creyeron oir el ruido de un gran ejército y las trompetas de heraldos que anunciaban la llegada de un gran rey, y huyeron despavoridos.

Habiendo quedado solos, los cautivos rompieron sus cadenas mutuamente y se apoderaron de nuevo de todo lo que se les había hurtado; después salieron para ir al encuentro del gran rey y de su ejército, viendo solamente un niño, una joven y un anciano, y les preguntaron: ¿Dónde está el gran rey que asustó a nuestros enemigos e hizo romper nuestras cadenas?

—Viene detrás de nosotros, contestó José.

En efecto, la idea cristiana asusta a los ladrones del mundo antiguo. No los echa, huyen ante la ley del cristianismo que se aproxima, y los pobres cautivos rompen mutuamente sus cadenas.

El gran rey y el gran ejército que los ladrones han oído, es el pueblo justiciero cuyo reino ha de venir después del cristianismo simbólico; por eso José decía: Vendrá detrás de nosotros.

Pero sabemos que en la humanidad, el sentimiento precede siempre a la concepción, y es por eso que la religión se informa antes que la filosofía. Las fábulas anteceden a los dogmas, los principios suceden después a los dogmas; y es siempre la misma verdad que germina, florece y fructifica, al desarrollarse sucesivamente bajo la influencia de las diferentes estaciones.

UNDÉCIMA LEYENDA

LOS APOLOGOS DE LA SANTA INFANCIA

I

JESUS Y LOS PAJARITOS

Un día el niño Jesús jugaba con otros niños que estaban haciendo pajaritos de arcilla, y cada uno prefería su obra a la de los otros.

Pero Jesús habiendo bendecido a los pajaritos que acababa de hacer, les dijo: Váyanse, y tomaron su vuelo.

Así pasa con los sistemas religiosos en las épocas de duda: Cada uno prefiere el suyo, pero el mejor es el que vivirá.

II

JESUS Y EL NIÑO CAIDO

Otro día, Jesús también jugaba sobre una azotea con niños de su edad.

Uno de ellos cayó de lo alto de la azotea y murió.

Al ver esto, todos los demás huyeron menos Jesús.

Entonces, los padres del niño muerto vinieron corriendo y gritando y acusaron a Jesús de haberlo empujado.

Jesús, sin hacer caso de sus palabras, bajó tranquilamente, tomó al niño de la mano y lo resucitó.

Es así como se acusa a la idea cristiana de los males que viene a subsanar.

III

JESUS Y EL GRANO DE TRIGO

Un día Jesús tomó un grano de trigo y habiéndolo bendecido lo enterró en el suelo.

Este grano brotó, y solo produjo lo necesario para alimentar a todos los pobres del país, y aún a José le quedó un sobrante.

Esta leyenda, referida por Tomás el Israelita, es al parecer la primera idea del milagro de la multiplicación de los panes. El grano que Jesús ha sembrado es la palabra: Sois hermanos, asociaos.

La asociación centuplicará los recursos de la humanidad, y en verdad, se puede decir que el pan se multiplicará.

DUODÉCIMA LEYENDA

LA MUERTE DEL CARPINTERO JOSE

Cuando llegó la época en que el buen anciano José debía descansar, sus facultades se debilitaron, su memoria se obscureció y mermó su inteligencia.

María lo cuidaba con ternura y paciencia, así como él había cuidado al niño.

Llegó el momento de la agonía, y José principió a turbarse, diciendo: Desgraciado de mi!, pues he pecado en el trascurso de mi larga vida, ¿Qué será de mi pobre alma si Dios la juzga con rigor?

El terror del infierno me embarga. Desgraciado de mí, pues he trabajado mucho durante mi vida, y mi muerte aparece pavorosa.

Jesús entonces se acercó al lecho del enfermo, y le dijo: José, padre mío, varón justo y laborioso, descansa en paz.

El infierno del pobre trabajador está en esta tierra, ¿cómo podría Dios, después de una vida tan penosa, atormentarlo todavía después de su muerte?

Y alzando la vista, Jesús vió avanzar los fantasmas de la noche eterna, los esqueletos de los ojos ardientes, los horribles demonios con miembros velludos y monstruosos, las larvas doloridas y pálidas, los grifos negros con alas de murciélago; el infierno entero, moviéndose sobre olas de sombras tupidas y como la ballena de Jonás, abriendo la enorme boca como para tragar al mundo.

Jesús sopló sobre estas horribles quimeras, y desaparecieron como el recuerdo de un sueño.

Y José ya no vió cerca de él sino a Jesús y a María,

que sostenían su cabeza entre sus manos y secaban el sudor helado de su frente, mientras que el ángel de la muerte tocaba sus ojos con una flor de lis, cuyo perfume parecía esparcir sobre sus facciones la serenidad y la sonrisa eterna.

Los ángeles de la fé, de la esperanza y de la caridad recibieron su alma y su cuerpo fué devuelto a la tierra.

Pero Jesús ordenó que fuera preservado de la corrupción, pues, dijo él, su muerte es tan solo un sueño, hasta que el reinado de los malvados haya terminado.

Entonces vendrá mi reino, el de la justicia y de la fraternidad, y me acordaré de mi padre, el viejo y valiente trabajador.

Lo despertaré de su sueño de muerte, y vendrá a sentarse junto a mí en el banquete de la comunión universal.

Que la tumba sea para él como la crisálida para el insecto laborioso que teje su mortaja y espera una vida más libre y más brillante.

Duerme, José, duerme pobre obrero. Cuando despiertes serás el heredero del cielo, y mediante el trabajo podrás conquistar el mundo.

Décima Tercera Leyenda

EL SERMON SOBRE LA MONTAÑA

Después que en visión Jesús hubo rechazado con el pie todas las coronas de la tierra que le ofrecía el genio del mal a quien pertenecían, y que le proponía comprar la tiranía mediante la esclavitud, como estaba escrito en la ley del antiguo mundo.

Después de haber triunfado del hambre, del orgullo y

de la ambición del poder, Jesús, el conquistador pacífico, subió sobre la montaña, y rodeado de pastores y de pescadores, principió su primer discurso:

Bienaventurados son los pobres de espíritu, porque el reino de los cielos les pertenece.

Lo que quería decir: Pobres de los esclavos de la riqueza egoista, pues adquirirán solamente una miseria eterna.

¡Bienaventurados los que son bondadosos, porque poseerán la tierra!

Que es como si dijera:

Pobres de los que quieren reinar sobre la tierra por la violencia, pues el poder se les escapará.

¡Bienaventurados los que lloran, porque serán consolados!

¡Bienaventurados los que tienen hambre y sed, porque se saciarán!

Esperad pues, pobres y desheredados, el cristianismo os abre la puerta de un porvenir venturoso.

¡Bienaventurados los misericordiosos, porque conseguirán misericordia!

Comprendemos que eso significa también: Desgraciados de los hombres sin piedad, pues no habrá piedad para ellos.

¡Bienaventurados los que tienen el corazón puro, pues verán a Dios!

Dios es la verdad y la justicia.

¡Bienaventurados los pacíficos, porque serán llamados hijos de Dios!

Uno de nuestros poetas ha dicho: El amor es más fuerte que la guerra. La fuerza brutal pasará y acabará, pero la razón tranquila y dueña de sí misma triunfará y adquirirá siempre un nuevo poder.

¡Bienaventurados los que sufren persecución por la justicia, pues el reino de los cielos es de ellos!

Los mártires prueban su realeza perdonando. Quien persigue abdica, y quien sufre resiste. Resistir es poder y poder es reinar.

No vengo a destruir, sino a realizar, decía también el hijo del carpintero, proclamándose así como iniciador del progreso;

y lo que decía entonces al judaísmo, podemos decirlo al catolicismo, nosotros los hombres del progreso religioso, nosotros sus discípulos y los continuadores de su obra.

Si vuestra justicia no es más abundante que la de los escribas y de los fariseos, decía él, no entraréis en el reino de los cielos.

Y nosotros podemos decir:

Si no sois mejores y más justos que los fervientes del antiguo mundo y de la Edad Media, no entraréis en la asociación universal del cristianismo cumplido.

Cristo ha dicho: El que injurie a su hermano, merecerá condenación.

Y nosotros decimos: El que no cuidare a su hermano y tratare como si fuera extraño a un solo miembro de la familia humana, merecerá ser renegado por la familia y ser juzgado como fratricida.

Cristo dijo: Perdonad siempre; no os ofendáis siquiera por el mal que se os pueda hacer. Los malvados son enfermos, cuidadlos, no os irritéis en contra de ellos.

El ha dicho: Pensad, antes de vuestro sacrificio, si vuestro hermano nada tiene que reprocharos y reconciliáos con él antes de rezar. Y nosotros decimos: Antes de sentaros a la mesa, preguntad si nada le falta a vuestro hermano; llevad primero una parte de vuestro pan al que no lo tiene, después sentaos al banquete de la comunión y Dios os reconocerá como hijo.

Él dijo: El que abandona a su mujer es un adúltero y

el que rechaza a su compañera la entrega a la prostitución. Y nosotros decimos: El que prostituye a una mujer, ultraja a su madre; el que casa a su hija por dinero, vende su hija, y el que compra o vende una mujer, la prostituye, pues la esencia del matrimonio es el amor (¹), y relaciones conyugales sin amor son impureza.

Cristo ha dicho: No juréis, pero que vuestra palabra sea sagrada. Y nosotros decimos: Para que la palabra sea sagrada, es preciso que sea libre. Libremos la inteligencia; cerremos la boca a la mentira. El que ahoga la palabra verídica es un deicida. Condenar no es contestar.

Perseguir una idea es sancionarla. Un hombre inteligente que habla fuera de sazón, tal vez no tenga la razón; para juzgarlo hay que oirlo. Al que uno obliga a callar, siempre tiene razón. En cuanto a la perversidad y a la necedad, el buen sentido mismo le impone silencio.

Él ha dicho. Poned la mejilla izquierda si se os pega en la derecha, y si se os quita la túnica, entregad también el manto. Y nosotros decimos a nuestros hermanos: Si se os calumnia por haber dicho la verdad, exponeos también a la injusticia, y cuando sufráis la injuria y la calumnia, exponeos con alegría a la miseria y a morir despreciados. Cuanto más os pegan vuestros enemigos, tanto más se debilitan; cuanto más sufris, más fuertes sois.

Cristo dijo: No seáis hipócritas.

Nosotros decimos: Haced que la honradez sea posible para todos, hablad menos de moral y sed menos infames, sed franca y modestamente hombres y no tratéis de cubrir las ignominias del bruto con las alas del ángel.

Él ha dicho: No se puede servir a Dios y al dinero.

(¹) Por amor no entendemos la ley física de los sexos; el amor es lo absoluto de los sentimientos y de las afecciones humanas; nuestras afecciones son regidas por la ley *cristiana* y debe ser una *monarquía*.

Nosotros decimos: La propiedad no se hace respetar cuando no tiene el trabajo por origen y por regla la fraterternidad en la asociación.

Él dice: No juzguéis y no seréis juzgados.

Y nosotros decimos: Transformad la penalidad en higiene moral, levantad al que cae, no le peguéis; dad a las enfermedades morales cuidados morales y no castigos impíos; no déis vuelta en un círculo sangriento al castigar el homicidio por el homicidio,pues al obrar así, dáis una especie de razón a los asesinos y perpetuáis una guerra de caníbales. Si queréis que el homicidio sea realmente un crimen, tratad de que no sea nunca un derecho, y acordaos de ese condenado que decía: Al asesinar he jugado mi cabeza, habéis ganado, yo pago, nada nos debemos.

Y en pensamiento agregaba: Somos iguales.

Cristo dijo: Buscad primero el reino de Dios y su justicia y lo demás os será dado por añadidura.

Y nosotros decimos: El reino de Dios no es el reino del hambre para Lázaro y de las orgías del rico malo. El reino de Dios, es el sol para todos, y la tierra para todos, es la fraternidad del trabajo, es la prostitución hecha imposible por el respeto a la mujer, es la escala social accesible en todos sus grados al trabajo y al mérito de todos. Es el trabajo para todos, la familia para todos, la propiedad para todos, es la realeza de la razón, es el sacerdocio del amor, es la comunión de cada uno con todos y de todos con cada uno, es la unidad divina y humana, Dios viviente en la humanidad, Cristo resucitado y viviente en el gran cuerpo del pueblo cristiano; la libertad progresiva y sometida al órden, la igualdad relativa en el órden de la jerarquía, y la fraternidad distribuyendo todo a todos, según las leyes de la armonía, que es la eterna Sabiduría.

DÉCIMA CUARTA LEYENDA

ALGUNAS PALABRAS DE JESUCRISTO QUE NO ESTAN EN LOS EVANGELIOS CANONICOS Y QUE HAN SIDO CONSERVADAS POR LA TRADICION DE LOS PRIMEROS SIGLOS

Jesús estaba un día con sus discípulos en los confines de la Judea vecinos al desierto y se extraviaron en las montañas.

Encontraron un pastor que estaba acostado a la sombra de un sicomoro y le preguntaron por su camino.

El pastor que era indolente, no se tomó el trabajo de levantarse, ni de contestarles: extendió solamente el pié en la dirección que debían tomar y después ni siquiera los miró.

Al irse, encontraron a una joven que volvía de la fuente llevando sobre la cabeza un cántaro de agua.

También le preguntaron por su camino, y la joven no solamente lo indicó, sino que, cargada como estaba, caminó delante de ellos y los dejó solamente después de haberlos puesto en su camino.

Maestro, dijo Pedro, ¿Cuál será la recompensa de esa joven tan diligente y caritativa?

—Se casará con el pastor holgazán, contestó Jesús.

Y como sus discípulos se admiraran, les dijo: La felicidad de la mujer es ser madre, y cuando salva con su amor al hombre que hace partícipe de sus virtudes, es dos veces madre, pues su esposo y el hijo que le da su esposo, tienen igualmente necesidad de ella.

Todo sacrificio hecho por amor aumenta el amor, y todo

lo que aumenta el amor acrescenta la felicidad. Que oiga el que tiene orejas para oir.

Entonces, Juan, el discípulo bien amado, habiéndose acercado al maestro, le dijo: Yo creo en vuestras palabras y sé que así será en vuestro reino.

Allí, la felicidad de la abnegación será el primer premio del sacrificio, se premiará al que hará el bien, dándole la oportunidad de hacer más bien todavía.

Pero, preguntó, dime, ¿cuándo llegará vuestro reino y con que signos los hombres lo reconocerán?

Jesús respondió: Cuando dos serán uno, cuando lo que está adentro estará afuera, y cuando el hombre con la mujer no serán ni hombre ni mujer.

Es decir: cuando el antagonismo haya cesado entre la inteligencia y el amor, entre la razón y la fe, entre la libertad y la obediencia.

Cuando el pensamiento evangélico que es la fraternidad esté realizado por las formas políticas y sociales.

Y cuando la mujer sea la hermana pura y la esposa bien amada del hombre ante la sociedad como ante Dios, sin que haya antagonismo entre los dos sexos.

Esta palabra, referida por el papa San Clemente, autor contemporáneo de los apóstoles, es un programa completo de renovación social operada por el pensamiento cristiano.

Jesús dijo también. La vida es una banca; sed hábiles cambistas, el que dá gana más que el que recibe; si deseáis enriqueceros, dád.

DÉCIMA QUINTA LEYENDA

LA DERECHA Y LA IZQUIERDA DE JESUS, EL TABOR Y EL DESIERTO, EL PUEBLO ORGANIZADO EN GRUPOS

Jesús se reveló a tres de sus más inteligentes discípulos como el centro de la humanidad, colocándose, en el pasado, entre Moisés, el hombre de orden y de doctrina, y Elías, el hombre de la protestación y de la profecía independiente.

Tal es el significado de la transfiguración del Thabor, donde Pedro quería edificar tres tabernáculos, uno para Moisés, uno para Cristo y el tercero para Elías: más la época de la síntesis no había llegado todavía.

No olvidemos que los evangelistas han representado por acciones toda la parte esotérica u oculta del Evangelio, y que para decir: Jesús elevó el espíritu de sus discípulos a gran altura y les hizo concebir toda la verdad de su doctrina, dicen: Jesús los llevó sobre una montaña, y transfigurándose ante ellos, les apareció resplandeciente de luz, de suerte que su faz era brillante como el sol, y sus vestimentas deslumbrantes como la nieve.

Juan y Santiago le dijeron entonces: Maestro, haced sentar uno de nosotros a vuestra derecha y otro a vuestra izquierda, cuando haya llegado vuestro reino.

Jesús les dijo: Puedo participarles de mi cáliz y de mi bautismo, pero no me corresponde concederles un asiento a mi derecha o a mi izquierda, siendo este lugar reservado por mi Padre a sus predestinados.

Así pues, Jesús esperaba todavía dos hombres para completar su doctrina y acabar su obra: El hombre de la derecha, es decir el hombre de orden y de organización y el hombre de la izquierda, el de expansión, de amor y de armonía.

En cuanto a la organización social, Jesús la indicó someramente en la parábola de la multiplicación de los panes, donde leemos: que Jesús dividió al pueblo por grupos de cien y de cincuenta, *secundum contubernia*, según vivían o podían vivir juntos.

Después, repartió los cinco panes y los dos peces, que representan el primer anticipo de la pobreza creyente de la asociación; y la asociación multiplicó tanto estos escasos recursos, que del sobrante se pudo llenar doce canastos.

Aquí, lo que afirmamos acerca del simbolismo de los milagros evangélicos está probado de sobra por lo absurdo de la letra y la imposibilidad material del hecho, como el Dr. Strauss se dió tanto trabajo en demostrarlo.

Pero el sentido de la palabra es admirable: la parábola es necesaria cuando es peligroso o inútil descubrir la verdad.

Por eso, Jesús había dicho: Tengo todavía muchas cosas que enseñaros, pero no podríais aprovecharlas ahora. El espíritu de inteligencia vendrá y os enseñará la verdad entera.

Antes, el mundo antiguo debía disociarse y perecer después; este espíritu debía venir y renovar la faz de la tierra.

Hemos llegado tal vez a la hora de la disolución universal, pero tranquilicemos nuestro corazón y esperemos; pues, sobre las ruinas, vemos ya cernerse la celeste paloma, y el soplo de la revelación renovada disipa ya las nubes del oriente.

Décima Sexta Leyenda

LO QUE ES LA COMUNION

Para enseñar que todos tienen derecho al pan que alimenta y al vino que vigoriza, Jesús, hablando en nombre de la humanidad, ha dicho del pan: Esto es mi carne; y del vino: Esto es mi sangre.

Y el pan es verdaderamente la carne de la humanidad, como el vino es realmente la sangre de los que lo beben; pues el pan renueva la carne y el·vino aviva la sangre.

Y bien, Jesús, hablando en nombre de la humanidad misma, ha dicho: El pan que he conquistado con mis trabajos y mi muerte es mi carne, y la doy a todos, a fin de que todos la coman; el vino·es mío, es mi sangre, y lo derramaré para todos, a fin de que todos beban de él y vivan de mi vida.

Es así como Cristo constituía la unidad divina y humana, dándole como base la comunión del pan y del vino, a la cual todos son llamados de parte de Dios y la cual no se puede negar a nadie.

Así pues, él que priva injustamente a su hermano de su parte de la comunión del pan. arranca y se apropia un trozo de la carne de Cristo; come lo que debía ser la carne de su hermano, y con esta antropofagia deicida, en lugar de comulgar con la humanidad, comulga con sus verdugos. Pero para que la comunión del pan sea posible en realidad y sin metáforas, es menester que no hayan haraganes. El que no trabaja no debe comer.

Y para que la comunión del vino no sea un desorden, es preciso que no haya borrachos.

¡Que el pueblo entienda!

Décima Sèptima Leyenda

EL JUICIO DE JESUS

No repetiremos aquí los hechos que los cuatro evangelistas han relatado, porque son conocidos de todo el mundo.

El gran drama de la pasión es, hace diez y ocho siglos y medio, el juicio escrito de los sacerdotes y de los reyes, es la sangrienta condena de las leyes del mundo antiguo, y la protestación inmortal de los condenados contra una sociedad deicida.

Uno solo de los evangelios apócrifos o secretos, el de Nicodemo, agrega al relato de los cuatro algunas circunstancias notables. Hélas aquí:

Cuandó Pilatos hizo entrar a Jesús en el pretorio para interrogarlo, las águilas romanas y las imágenes de los dioses que llevaban los porta-estandartes, se inclinaron solas ante el rey del porvenir.

Los judíos irritados, exclamaron: César ha sido traicionado, se rinde a ese hombre los honores del imperio.

Pilatos mismo se asombró y preguntó a los porta-estandartes el significado de lo que acababa de suceder. Estos protestaron de que había sido contra su voluntad y que no pudieron impedirlo.

Pilatos llamó a los hombres más robustos del pretorio y los más hostiles a Jesús (los que una hora más tarde lo azotaron y lo coronaron de espinas), y les entregó las banderas, encomendándoles mantenerlas firmes, y los simulacros divinos se inclinaron por segunda vez ante Jesús, a la vista de todos; quedó así probado que la fuerza de los hombres nada puede contra el cambio de ideas, y que los signos religiosos

más protegidos por el poder, caen por sí mismos y se incli-
nan ante los símbolos proscritos que el progreso revela: protestan contra el juicio de los hombres y simpatizan con la
agonía de los mártires.

Jesús fué interrogado secretamente por Pilatos, después
fué llevado nuevamente ante los judíos y se oyó a sus acu-
sadores: eran, como se sabe, el príncipe de los sacerdotes,
los señores del pueblo, los fariseos, los escribas y los doctores, es decir todo lo que había de más considerable y res-
petado en la nación judía.

Pilatos preguntó también si no había algunos testigos
en descargo. Al principio se hizo un gran silencio, pues los
escasos amigos de Jesús tenían miedo.

Al fin, Zachee, el publicano, alzó tímidamente la voz
para decir que Jesús había bebido y comido en su casa y
después le había conmovido el corazón con la sabiduría de
sus discursos. La risa y la gritería de la multitud no lo dejaron terminar, pues los publicanos eran sonsiderados como
hombres infames, y los fariseos hicieron valer el testimonio
de Zachee como una prueba más contra Jesús.

Después de Zachee, una mujer muy llorosa se echó a
los pies del precónsul; no se le permitió ni siquiera proferir
una palabra; un grito de reprobación se alzó en la multitud:
Era Magdalena, la prostituta, ella, la que derrama sobre los
pies de este vagabundo los perfumes preciosos que paga con
su cuerpo; es digna de él y él no es indigno de ella. ¡Anatema sobre los infames!

Sin embargo, el ciego de Jericó logrando atravesar la
multitud, gritó, extendiendo las manos para que se le oiga:
Había nacido ciego y Jesús me devolvió la vista.

—¡Es un raca!, —gritaron los sacerdotes—, no le oigan,
no merece ninguna fe; nosotros lo hemos echado de la sinagoga.

—Había muerto, y me resucitó, —dijo entonces un hombre de Bethania, llamado Lázaro.

Pilatos y los romanos se echaron a reír; los judíos seduceos dieron gritos salvajes, y Lázaro fué expulsado por los lictores.

Entonces, una señora rica y estimada, se adelantó y dijo: Yo soy viuda, me llamo Seraphia, estaba afecta de una hemorragia de sangre que me hacía morir lentamente.

Un día, Jesús pasaba acompañado de numerosos pobres que estaba instruyendo, de mujeres del pueblo que consolaba y de enfermos que había sanado.

Me acerqué a él sin decirle nada, y toqué solamente la franja de su vestido; entonces fuí acometida por veneración y espanto, pues me sentí sana.

Al oir esto, los judíos principiaron a murmurar, pero conteniendo sus clamores, porque Seraphia era rica y generalmente respetada.

Pilatos, tomó entonces la palabra y dijo: Haced retirar a esa señora, no se la puede admitir a declarar en este asunto; pues según vuestras leyes, que son las de todo el Oriente, el testimonio de una mujer es nulo ante los tribunales.

Después de Seraphia, nadie se atrevió a levantar la voz a favor de Jesús; los que se consideraban honrados, lo acusaban; en su defensa sólo tenía personas desconocidas, gente sospechosa de lepra o de libertinaje, entre el populacho y las mujeres.

Fué pues condenado, y como no se encontró una fórmula para resumir sus crímenes, se escribió por burla: Es el rey de los judíos.

Seraphia que después fué llamada Verónica, viendo que su testimonio no había podido salvar a su Salvador, fué llorando a esperarlo en su camino al salir de la ciudad, cargado con una cruz, y a pesar de los gritos de los verdugos y de

los empellones de los soldados, se acercó a él y le limpió la
cara con un lienzo fino, que conservó la marca sangrienta
de los rasgos de Jesús.

Y los mártires de los primeros siglos no tuvieron más
imagen de su Maestro que las huellas de sangre que seña-
laban los rasgos de Jesús sobre el lienzo de Seraphia.

DÉCIMA OCTAVA LEYENDA

PEDRO Y JUAN

Jesús tuvo un discípulo poco inteligente, pero del cual
se sabía amado, y que creía firmemente en él. Tenía el carácter simple y ardiente del trabajador; todas las virtudes y
todos los defectos del pueblo; tan pronto para desalentarse
como para reanimarse; por lo demás, siempre amigo de su
Maestro y dispuesto a dar su vida por él. Este discípulo era
un hombre del puerto llamado Simón. Jesús lo tomó como
el tipo verdadero del trabajo esforzado y le dijo:

Tú eres la piedra sobre la cual fundaré mi asociación
(ecclesiam), y las puertas (1) del infierno, es decir los poderes de este mundo nada podrán contra ella. La piedra bruta
que ha sido rechazada por los arquitectos de la presente sociedad, será la piedra angular de una sociedad nueva, yo te
daré las llaves del reino de la inteligencia y del amor, que
es el reino de los cielos, y eres tú quien realizará la voluntad
de Dios sobre la tierra. Sólo serán encadenados los que tú
encadenares, y serán libres, los que tú libertares, pues eres el
hombre del trabajo, y te hago mi representante en el porvenir.

---

(1)   Puerta significa "Poder, Gobierno", etc., en estilo oriental. Se
dice todavía "La puerta otomana" para designar el gobierno turco.

La Iglesia antes de la venida del espíritu de inteligencia, ha creído ver en estas palabras la consagración del poder absoluto e infalible de los papas, y un Alejandro VI pretendió ser el heredero legítimo de las promesas hechas a Pedro, el hombre de la fe, el trabajador y el mártir. Sin embargo, los primeros papas eran solamente los representantes del pueblo ante Dios, y por lo tanto los de Dios ante el pueblo, ya que era el pueblo que los elegía; por eso, los grandes pontífices de los hermosos tiempos del cristianismo han sido tribunos que resistían a los emperadores, que castigaban los crímenes de los grandes, y que preservaban los pueblos de los vicios de sus amos.

Mientras el papado reinó, fué santo; la corrupción había de ser para él la decadencia. Cuando seas viejo, dijo Jesús a Pedro, otro te ceñirá y te hará ir adonde no querrás. Triste cuadro de la servidumbre temporal en la cual cayó el papado decaído!

Sin embargo, el papado es un principio, es la primera monarquía cristiana y el cristianismo no reinará sin él.

Hasta el fin, el apóstol Pedro fué la imagen del genio laborioso y despreciado; se le crucificó como a su maestro, y se le puso la cabeza abajo, porque los verdugos tenían miedo de verlo de pie. Jesús se lo había profetizado milagrosamente, según cuenta la leyenda; pues cuando Pedro salía de Roma huyendo de la persecución de Nerón, el Salvador le apareció, llevando su cruz y le dijo: Voy a Roma, donde debo ser crucificado por segunda vez. Pedro comprendió que el cristianismo debía conquistar su salvación por el martirio, volvió pues sobre sus pasos y fué a morir.

Otro discípulo de Jesús que se llama el discípulo del amor, se lo representa siempre joven, porque, según la leyenda, no debía morir: Juan el evangelista de la síntesis, que relaciona el cristianismo con el genio de Platón. mediante la filosofía del Verbo. Jesús había resumido toda la ley en dos palabras: "Amad a Dios, amaos unos a otros". San Juan incluye el amor a Dios en el amor al prójimo; afirma que nadie jamás ha visto a Dios, pero que vemos a los hombres, y que en ellos debemos amar a la divinidad que los anima. Amar a Dios en la Humanidad, tal es pues toda la religión; al adoptar esta fórmula, nuestro siglo no hizo sino resumir la doctrina de San Juan.

San Pablo dice que la fe y la esperanza pasarán, pero que la caridad no pasará. Esta palabra es la promesa del reino de la fraternidad, y es porque el porvenir es del amor que los legendarios suponen que Juan es inmortal. Se decía que dormía en su ataúd y que su soplo agitaba suavemente el polvo de su tumba.

El esperaba el regreso de su Maestro, como las vírgenes cuerdas que han tenido el cuidado de proveerse del aceite de la caridad para prender nuevamente su lámpara, cuando le plazca a Dios manifestarse otra vez. Se decía, en efecto, que un aceite maravilloso brotaba de la tumba de Juan, que devolvía la salud a los enfermos. Es así como la leyenda continúa el evangelio y adopta imágenes, de la misma manera que el Evangelio reproduce y explica las grandes figuras de la Biblia. Pero, tocante al conjunto de los libros sagrados y de la tradición mística, un apóstol toma el cuidado de advertirnos, que la letra mata y que el espíritu vivifica. Es por eso que todos los cultos deben morir al adherirse a la letra de la palabra; el espíritu se les escapa agrandando su expansión, así como el hombre adulto abandona los vestidos de su infancia.

El signo característico de San Juan, el último evangelista, es un águila, símbolo de libertad, de inteligencia y de soberanía, porque el reino del amor, al facilitar el progreso, debe emancipar a todos los hombres para su trabajo y su virtud, alternativamente, a los mayores de la familia humana, sacerdotes, reyes y dueños del mundo.

Fecisti nos reges et sacerdotes et regnabimus super terram.

Nos habéis hecho sacerdotes y reyes y reinaremos sobre la tierra (San Juan).

Es por eso que últimamente, el águila apareció de nuevo en el mundo.

Es por eso que la guerra no será sino la preparación del imperio universal.

El verdadero imperio es la paz; el águila vencedora descansará sobre el trueno y fijará el sol.

Ya no será el águila del conquistador, será el águila del evangelista.

DÉCIMA NOVENA LEYENDA

LA VISION DE AASWERUS

¡Anda!, había dicho el Judío Aaswerus a Cristo encorvado bajo su cruz. ¡Anda!, le contestó el Salvador del mundo, hasta que yo regrese aquí y te diga: Descansa.

Desde aquel momento, Aaswerus da, sin cesar, la vuelta al mundo; y cada año, en los alrededores de la Pascua, vuelve allí donde estaba su casa maldita, para ver si no encuentra allí a Jesús. Anda, anda, llega, cansado, jadeante pronto para caer muerto de fatiga, y no encuentra a nadie.

Alza los ojos y ve en el cielo, siempre implacable, una mano que le señala el Occidente: ¡Anda!, le grita una voz que al parecer es el eco eterno de la suya el día del crimen, y el viejo Aaswerus agacha la cabeza; el sollozo de liberación que ya se hinchaba en su corazón se apaga silencioso y sin lágrimas; y él reanuda su viaje eterno.

Cuando los cruzados tomaron Jerusalén, el Judío Errante había oído decir que el Cristo había vuelto sobre la montaña santa; allí encontró solamente un sacerdote rodeado de
soldados. ¡Un judío!, ¡Un judío!, gritaron unos hombres cuyas manos, eran sangrientas... ¡Anda, anda!, dijeron los
soldados golpeando al anciano con sus bastones y aguijo-
neándolo con la punta de sus lanzas. Aaswerus sacudió la
cabeza y reanudó su camino en medio de las maldiciones de
la multitud.

¡Ay!, murmuró él, la cruz no puede absolverme todavía, ya que no enseñó el perdón a sus defensores. Los hombres la adoran tan sólo como instrumento de suplicio y como
recuerdo de venganza. Insensatos, quieren vengar al que los
salvó perdonando, y no comprenden que ellos mismos se
condenan al desvirtuar el perdón del Hombre-Dios. No saben que la persecusión efectuada por los cristianos es la
desaprobación de los mártires y la rehabilitación de sus
verdugos.

Por eso, desde entonces, cuando Aaswerus encontró judíos perseguidos por cristianos, los exhortaba a morir antes
de abjurar las creencias de sus antepasados, y él mismo,
con su bastón secular en la mano, la barba y los cabellos
erizados por el viento, los conducía de exilio en exilio... y
sin embargo, mejor que nadie comprendía que Jesús es el
hijo único de Dios.

Más tarde vió caer las cruces y levantarse los patíbulos,
oyó hablar de la santa guillotina y no se asombró de ello;
¿no habían ya los inquisidores inaugurado las fiestas de la
muerte en el nombre de la Cruz Santa? El culto era el mismo, sólo el altar había cambiado. Entonces se hablaba también de humanidad y de progreso; era justo: el hacha es
más expeditiva y menos cruel que la sangrienta picota del
Gólgotha.

Vió en seguida renovarse las solemnidades del Becerro de oro; él sabe como terminan semejantes orgías, y cuando se le pregunta: ¿qué hace ahora el hijo del Carpintero?, contesta sacudiendo la cabeza: ¡Un ataúd!

Pero siente que la época se está acercando y parece que modera su marcha; a su turno, mira el siglo que pasa y los acontecimientos que se precipitan.

El día en que el sucesor de San Pedro cayó por haberse apoyado en un cetro y salió de la ciudad eterna, maldito y exilado a su vez, Aaswerus entró en el vaticano desierto, y con el codo apoyado sobre la sede vacía de los papas, dejó caer su cabeza en su mano y pareció dormitar un momento.

Volvió a ver en sueño las campiñas de Jerusalem, ostentando su prístina fertilidad; la viña con los gigantescos racimos de la Tierra Prometida, los olivos cargados de frutos cubrían las colinas, y los valles estaban llenos de laurel, cerezos y rosales en flor.

El monte Moria estaba atestado de una innumerable multitud formada por diputados de todos los pueblos de la tierra, y sobre la cima de la montaña sagrada, se alzaba un altar inmenso.

En medio del altar se erguía un gigantesco candelabro de oro que llegaba hasta las nubes, coronado por un sol radiante, y en medio de este sol, se veía blanca y transparente, la divina hostia del sacrificio del amor, la síntesis del trigo, el símbolo de la unidad divina y humana, el pan de la unión social y de la comunión universal.

Delante del altar, de pie, había un anciano que tenía en una mano un pan blanco y liviano, como el de la custodia, y un cáliz en la otra mano.

Una música celeste se dejó oir, y desde el frente de todas las falanges se elevaron nubes de incienso.

Varios hombres cubiertos de vestimentas espléndidas trajeron una mesa que cubrieron con un lienzo blanco.

Uno de estos hombres llevaba la vestimenta de los soberanos pontífices de la ley cristiana, otro la del jefe de los imanes, un tercero ostentaba los ornamentos del gran Lama, y un cuarto estaba vestido como los grandes sacerdotes de la ley judaica, y los cuatro obraban y oraban de consuno y parecían amarse como hermanos.

Era el día en que, antaño, el Cristo había salido de la tumba, y hacía ya dos mil veces que el mundo había conmemorado este aniversario; pero ninguno había sido tan solemnemente espléndido como este.

La música cesó, la multitud quedó silenciosa y todos los ojos se volvieron hacia el Occidente.

Entonces se adelantó otro anciano, cuyos cabellos y cuya barba cubrían su pecho y sus espaldas; botó su bastón de viaje, se enderezó con un hondo suspiro y se dejó vestir con un talar blanco alzando al cielo sus ojos llenos de lágrimas.

Miró la hostia y exclamó llorando: ¡Es él!, miró al sacerdote, quien elegido por el sufragio de todos llenaba el oficio de Pontífice universal y repitió: ¡Es él!; miró la multitud silenciosa y recogida, y extendió los brazos en acción de gracias, diciendo siempre: ¡Es él!, el viviente en todas partes y para siempre.

Entonces, el sacerdote del pueblo bajó del altar, un asiento fué colocado delante de la Mesa Santa, sobre la cual se depositó la hostia y el cáliz, y el sacerdote dijo, dirigiéndose al anciano: Descansa Aaswerus.

En seguida, los pontífices de todos los cultos pretéritos vinieron después del sacrificador de la asociación universal a dar el ósculo de paz sobre la barba blanca del maldito reconciliado.

Después, todos, de pie alrededor de la mesa, comulgaron con él.

Entonces, Aaswerus se sintió vivir con vida nueva, le pareció que él era el Cristo y que él mismo partiendo panes que se multiplicaban sobre la mesa, los distribuía a la multitud.

Así concluyó el sueño del Judío Errante; un ruido de armas y gritos de angustia lo despertaron; eran los bandidos de las naciones que se repartían la ciudad santa.

Salió del palacio de los papas que se bamboleaba sobre tumbas entreabiertas, y reanudó su marcha para continuar la vuelta al mundo que, tal vez, pronto no volverá a dar.

No lo compadezcáis, cuando lo encontréis encorvado, jadeante y polvoriento; es más feliz que todos los grandes políticos de nuestro siglo y que los últimos reyes de este mundo; él sabe adonde va.

VIGÈSIMA LEYENDA

EL REINO DEL MESIAS

Cuando el espíritu de inteligencia se haya extendido en la tierra, vendrá un tiempo en que el espíritu del Evangelio será la luz de las naciones.

Se comprenderá que el principio del poder es la razón soberana, como está dicho al principio del Evangelio de San Juan, mal entendido desde tanto tiempo.

Entonces, el Cristo renacerá todos los días, no ya simbólicamente sobre los altares, sino real y corporalmente sobre toda la superficie de la tierra.

¿No ha dicho que el menor de nosotros es él? Por tanto el nacimiento de cada niño será una Pascua, y todos los hombres respetarán al Salvador unos en otros.

El Cristo entonces ya no será pobre, hambriento, proscrito, sin esposa y sin hijos, perseguido y crucificado; será rico como Job después de su prueba, tendrá todo en abundancia; será esposo y padre; reinará y perdonará a los que lo hayan perseguido.

Y así algún día, todas las naciones no serán más que una sola nación; todos los tronos serán sometidos a un solo trono, sobre el que se sentará un justo que tendrá el espíritu de Jesucristo, el que de ese modo será el mismo Cristo, como todos nosotros podemos serlo, cuando está en nosotros.

Este rey reconciliará el Oriente con el Occidente y el Norte con el Sur. Dará a los pueblos la verdadera libertad, porque hará inmutables las bases de la justicia.

Al reprimir la licencia, suprimirá la miseria. Todos tendrán el derecho y los medios de obrar bien; nadie tendrá derecho de embrutecerse y de ser vicioso.

La penalidad será substituida por la higiene moral, los culpables serán considerados como enfermos y sometidos al tratamiento de los dementes. La gran expiación de la cruz bastará para todas las ofensas humanas y se suprimirá el patíbulo, que se considerará execrable, por inútil.

No se concederá existencia real al error ya que sólo lo verdadero existe y la mentira es tan fugaz como el sueño. No habrá más que una religión en el mundo, y el pontífice universal proclamará, desde el pináculo de la suprema autoridad, que los judíos, mahometanos, budistas, etc., son tan cristianos como los otros y que de todos ellos es el jefe y el padre. Bendiciéndolos, los convocará al gran concilio de las naciones. Abrirá para ellos el inagotable tesoro de las indulgencias y de las preces, y dará de verdad su bendición a la ciudad y al mundo.

Habrá llegado la época del retorno del hijo pródigo, que no tiene nada, pero que su hermano le ofrece lo que

le falte para que trabaje y adquiera riquezas. Será la hora
en que las vírgenes locas, teniendo al fin aceite en sus lám-
paras, volverán a llamar a la puerta; y si el esposo se niega
a abrirles, las vírgenes cuerdas les darán la mano y las harán entrar, por la ventana.

La última palabra del cristianismo es solidaridad, reversibilidad, caridad universal; pues os lo digo en verdad, que
no hay un santo en el cielo que no esté pronto para bajar
al infierno, a libertar a las pobres almas, aunque deba quedar solo en su lugar y cerrar para siempre las puertas tras
de él. Se concibe un cielo superpuesto al infierno, un banquete eterno frente a una hoguera eterna, una casa de paz
y de oración sobre una cueva llena de lágrimas y de tortu-
ras? Un sueño único debe llenar el sueño eterno de cada
justo; la redención de un reprobado; y si este sueño no tuviera esperanzas, se volvería una pesadilla más terrible que
los suplicios mismos del infierno.

Es así como los gnósticos, es decir *los que sabían*, o en
otros términos, los iniciados del cristianismo primitivo, in-
terpretaban los oráculos del espíritu de Jesucristo; fueron
imitados por los discípulos de Orígenes, pero la Iglesia los
condenó, y quizá si con razón: divulgaban las doctrinas secretas y profanaban los misterios del Maestro.

Al exagerar la esperanza del vulgo no se debe quitar a
la ley su sanción terrible, pues el dogma de la eternidad
del infierno no expresa, en fin de cuentas, más que el di-
vorcio eterno entre el bien y el mal.

Los *apócrifos* son el lado revolucionario del espíritu de
Jesús; su lado jerárquico, edificante y constituyente pertenecen de derecho a la Iglesia docente, de la cual no nos
pertenece usurpar las funciones.

Después de estas sencillas leyendas orientales, podríamos citar los relatos, evidentemente simbólicos, de la leyenda

dorada, las actas apócrifas de los apóstoles, la historia del
gigante Cristóforo doblegado bajo el peso misterioso de un
niño, el martirio de Santa Fe, de Santa Esperanza y de
Santa Caridad, y tantas otras inspiradas por el mismo espíritu, brillantes todas con los mismos colores maravillosos. Un
nuevo soplo de inspiración había pasado sobre el mundo, y
este soplo era el de Jesucristo.

Lo que diferencia a los evangelios apócrifos de los evangelios canónicos, es tal vez la mayor audacia de las ficciones y la prudencia menor en la manifestación de las ten-
dencias revolucionarias y radicales, que en lo demás es el
mismo genio emancipador del pobre y protector del débil;
la misma ternura maternal para los huérfanos de la sociedad; la misma fe, humana porque es divina y divina porque
es humana. Las historias maravillosas varían, porque la forma de la parábola es arbitraria. Solo el espíritu vivifica. Tales historias, por lo demás, son esencialmente judías y se las
puede comparar a los apólogos del Talmud; tal vez se puedan tildar de misticismo o de idealismo exagerados; pero
en todo caso, que sueños tan magníficos son, si solo se les
toma por sueños! Fotografías de aspiraciones colectivas, son
las parábolas póstumas de Jesús, que revive por entero en
sus discípulos; son los oráculos, no de las mesas giratorias
sino de las mesas eucarísticas; pues es así como los espíritus
divinos hablan después de su muerte. Los grandes pensamientos no mueren y no necesitan, para transmitirse, de golpes
contra los muros. Mueven las almas y no los muebles; gol-
pean los corazones y no las piedras ni las tablas; son como
los árboles que echan su semilla y propagan los bosques. En
vano se las quiere captar y circunscribir, tienen una savia que
hace estallar las barreras y que derriba las prisiones; corren
como el incendio en la leña seca. ¡No busquéis más a Jesús
en la tumba donde los sacerdotes lo habían sepultado! ¡Re-

sucitó, ya no está aquí; no busquéis al vivo entre los muertos!

¡Qué quieren estas larvas y vampiros que en círculos de supuestos espiritistas tratan de menoscabar al Hombre-Dios? ¿Qué tenemos que ver con un Jesús sin divinidad y sin milagros? ¿Sus mayores milagros no son acaso los de su espíritu? ¿Quereis escribir su historia? Escribid la historia del mundo transfigurado por su genio. Su vida es su doctrina y su doctrina vive todavía.

Os doy un Jesús de mármol, dijo Renan. ¡Ay! qué nos importa vuestro mármol. Tenemos un Jesús de espíritu y de carne, su espíritu está en todas partes. Su carne palpita en el pecho inocente de nuestros hijos, su sangre calienta y rejuvenece el corazón de nuestros ancianos. Filósofo de mármol, guarda vuestra estatua sin alma y déjanos a nuestro Hombre-Dios.

Alfredo de Vigny escribió, que muchas veces la leyenda es más verídica que la historia, porque la leyenda relata, no los actos a veces incompletos y malogrados, sino el genio mismo de los grandes hombres y de las naciones. Al Evangelio se puede aplicar este hermoso pensamiento. El Evangelio no es meramente el relato de lo que ha sido, sino que es la revelación sublime de lo que es y de lo que será siempre. El Salvador del mundo será siempre adorado por los reyes de la inteligencia, figurados por los magos; siempre multiplicará el pan eucarístico, para alimentar y consolar las almas; cuando lo invoquemos en la noche y durante la tempestad, siempre vendrá hacia nosotros, caminando sobre las ondas; nos tenderá la mano y salvará haciéndonos pasar sobre la cresta de las olas; sanará nuestras dolencias y devolverá la luz a nuestros ojos; siempre aparecerá luminoso y transfigurado sobre el Thabor, explicando la ley de Moises y reglando el celo de Elías.

Los milagros del Eterno son eternos. Admitir el simbo-

lismo de las maravillas del Evangelio, es agrandar la luz,
es proclamar su universalidad y su duración. Estas cosas no
han sucedido como se cuentan, no pasarán jamás, quedarán
eternamente. Las cosas que pasan son accidentes pasajeros,
las cosas que el genio divino revela con el simbolismo, son
inmutables verdades.

Leed a los padres de los primeros siglos, pensad en las
grandes épocas del cristianismo, oíd a San Agustín aspiran-
do al Infinito, y a San Jerónimo, pensando en el cielo, pese
al ruido del Imperio Romano que se derrumba; oíd tronar
la elocuencia de San Juan Crisóstomo y de San Ambrosio.
Y si después os rebajáis hasta las divagaciones espiritistas
de Mr. Home, o hasta las elucubraciones panteísticas de
Allan Kardec, os sonreiréis de lástima y de asco.

¡Qué! ¡La muerte sería una decepción amarga!

Las realidades de la otra vida serían el escarnio de nuestras aspiraciones en la presente! El verdadero paraíso sería
menos resplandeciente que el de Dante, y el verdadero infierno menos terrible que su infierno.

¡Cómo! Los espíritus *desencarnados* se pasearían como
los de Swedenborg, con sombrero en la cabeza, y vendrían
a importunar a los vivos para hacerles escribir sandeces?
¿No veis pues, que el infierno de la Edad Media con sus
grandiosos horrores sería preferible a esta ridícula decadencia del alma? ¡Que Dios me torture pero que no me vuelva
idiota! Preferiría más bien al diablo con sus cuernos que las
casas de Victoriano Sardou construidas con claves de sol
y patas de moscas, a estas flores ideales que brotan del lápiz de los *mediums*, y que parecen pústulas de lepra vistas
al microscopio. Despertad, espiritistas, ¿no sentís que sois
presa de una pesadilla?

Segunda Parte

ESPIRITUS HIPOTETICOS

ESPIRITUS HIPOTETICOS

TEORIA DE LOS CABALISTAS SOBRE LOS ANGELES, LOS DEMONIOS Y LAS ALMAS DE LOS MUERTOS

SOBRE las cosas que nuestra ciencia no sabría alcanzar en esta vida, se puede razonar solamente por hipótesis. La humanidad nada puede saber de sobrehumano, ya que lo sobrehumano es lo que está fuera del alcance del hombre; los fenómenos de descomposición que acompañan a la muerte parecen protestar, en nombre de la ciencia, contra esta necesidad innata de creer en otra vida, que ha engendrado tantos sueños. La ciencia, sin embargo, debe tomar en cuenta esta necesidad, pues la naturaleza que nada hace inútil, no da a los seres necesidades que no deben ser satisfechas. La ciencia, pues, obligada a ignorar, debe suponer, a lo menos, la existencia de las cosas que no conoce, y no podría poner en duda la continuación de la vida después del fenómeno de la muerte, ya que nada bruscamente interrumpido se observa en la gran obra de la naturaleza, la cual, según la filosofía de Hermes, no obra nunca a saltos.

Las cosas que están más allá de esta vida pueden ser supuestas de dos maneras, o por los cálculos de la analogía, o por la intuición del éxtasis; en otros términos, por la razón o por la locura.

Los sabios de la Judea habían elegido la razón, y nos han dejado en libros generalmente ignorados sus magníficas hipótesis. Al leerlos, se comprende, desde luego, que nuestras creencias han salido de ellas como fragmentos inexplicables, y que lo absurdo aparente de nuestros dogmas desaparece, cuando se completan con las grandes razones de estos antiguos maestros. Asombra encontrar allí realizadas y determinadas filosóficamente todas las más bellas y más grandiosas aspiraciones de nuestra poesía moderna. Goethe había estudiado la cábala, y la epopeya de Fausto ha salido de las doctrinas del *Sohar*. Al parecer, Swedenborg, Saint Simon y Fourrier han visto la divina síntesis cabalística a través de las sombras y las alucinaciones de una pesadilla más o menos extraña; según los peculiares caracteres de estos soñadores. Esta síntesis es, en realidad, lo que el pensamiento humano puede abordar de más completo y de más hermoso.

Los libros que tratan de los espíritus, según los cabalistas, son la *Pneumatica Kabbalistica* que se halla en la *Kabbala Denudata* del barón de Rosenroth, el Liber de *Revolutionibus animarum*, por Isaac de Loria, el *Sepher Druschim*, libro de Meschue de Corduero, y algunos otros menos célebres. Aquí damos no tan solo el resumen sino, por decirlo así, la quinta esencia de ellos. A eso hemos agregado los treinta y ocho dogmas cabalísticos, tal como se hallan en la colección de los cabalistas publicado por Piatorius. Estos dogmas compendian casi toda la ciencia y si nos hemos contentado con agregarles unas breves explicaciones, es porque en nuestras obras precedentes hemos desentrañado la ciencia de la cual estos dogmas son la expresión.

CAPÍTULO PRIMERO

UNIDAD Y SOLIDARIDAD DE LOS ESPIRITUS

Según los cabalistas, Dios crea eternamente al Gran Adam, el hombre universal y completo, que encierra en un espíritu único todos los espíritus y todas las almas.

Los espíritus viven pues, a la vez, dos vidas: la una general, que es común a todos, y la otra especial y particular.

La solidaridad y la reversibilidad entre los espíritus proviene de que viven realmente los unos en los otros, todos iluminados por las luces de uno solo, y todos afligidos a causa de las tinieblas de uno solo.

El Gran Adam estaba figurado por el árbol de la Vida, que se extiende arriba y debajo de la tierra mediante ramas y raíces: el tronco es la humanidad; las diferentes razas son las ramas, y los innumerables individuos son las hojas.

Cada hoja tiene su forma, su vida particular y su porción de savia, pero vive exclusivamente por medio de la rama, así como la rama misma vive por medio del tronco.

Los malvados son las hojas secas y las cortezas muertas del árbol, que caen, se corrompen y se transforman en abono que vuelve al árbol mediante las raíces.

Los cabalistas comparan también los malvados o los réprobos a las excreciones del gran cuerpo de la humanidad.

Estas excreciones sirven de abono a la tierra que da frutos para alimentar el cuerpo; así la muerte vuelve siempre a la vida, y el mal mismo sirve para renovar y sustentar el bien.

Así pues, la muerte no existe y el hombre no sale nunca

de la vida universal. Los que consideramos como muertos viven todavía en nosotros, y nosotros vivimos en ellos; están sobre la tierra porque allí estamos nosotros, y nosotros estamos en el cielo porque allá están ellos.

Tanto más se vive en los otros, cuanto menos se debe temer la muerte. Nuestra vida después de la muerte se prolonga sobre la tierra en los que amamos, y nosotros sacamos del cielo, para dársela, la serenidad y la paz.

La comunión de los espíritus del cielo a la tierra y de la tierra al cielo se hace naturalmente, sin perturbación y sin prodigios: la inteligencia universal es como la luz del sol que descansa a la vez sobre todos los astros, y que los astros se envían de nuevo para alumbrarse unos a otros durante la noche.

Los santos y los ángeles no precisan palabras ni ruidos para hacerse oír; piensan en nuestro pensamiento y aman en nuestro corazón.

El bien que no han tenido el tiempo de hacer, nos lo sugieren y lo hacemos por ellos; y gozan de él en nosotros y nosotros compartimos con ellos la recompensa, porque las recompensas del espíritu se agrandan cuando se comparten; uno duplica para sí lo que da a otro.

Los santos sufren y trabajan en nosotros, y solo serán felices cuando la humanidad entera sea dichosa, ya que hacen parte de la humanidad indivisible.

La humanidad tiene en el cielo una cabeza que irradia y que sonríe, sobre la tierra un cuerpo que trabaja y que sufre, y en el infierno, que no es sino un purgatorio según nuestros sabios, pies encadenados que se queman.

Pues bien, la cabeza de un cuerpo cuyos pies se queman no puede sonreír sino a fuerza de coraje, de resistencia y de esperanza; la cabeza no puede ser alegre cuando los pies se queman.

Todos somos miembros de un mismo cuerpo, y el hombre que trata de suplantar o de destruir a otro hombre, se parece a la mano derecha que, por envidia, tratara de cortar la mano izquierda.

El que mata se mata, el que injuria se injuria, el que hiere se hiere, pues los otros están en nosotros y nosotros estamos en ellos.

Los ricos se aburren, se odian entre sí y se disgustan de la vida; su riqueza misma les atormenta y les oprime, porque hay pobres que carecen de pan.

Los aburrimientos de los ricos son las angustias de los pobres que sufren en ellos. Dios ejerce su justicia por intermedio de la naturaleza y su misericordia por intermedio de sus elegidos.

Si pones tu mano en el fuego, la naturaleza te quemará sin piedad; pero un hombre caritativo podrá curar y sanar tu quemadura.

La ley es inflexible, pero la caridad no tiene límites.

La ley condena, pero la caridad perdona. Por si solo, el abismo no devuelve nunca su presa, pero se puede echar una cuerda al que se ha dejado caer en él.

CAPÍTULO II

LA TRANSICION DE LOS ESPIRITUS O EL MISTERIO DE LA MUERTE

Al dormir el último sueño, el hombre cae primero en una especie de sueño antes de despertar del otro lado de la vida.

Cada uno ve entonces, en un hermoso sueño o en una terrible pesadilla, el paraíso o el infierno en los cuales ha creído durante su existencia material.

Por eso es que, a menudo, el alma espantada vuelve violentamente a la vida que acaba de abandonar y que los muertos, bien muertos, cuando fueron sepultados, despiertan vivos en la tumba.

Entonces, el alma, no atreviéndose a morir, gasta esfuerzos inauditos para conservar la vida, por decirlo así, leguminosa de su cadáver.

Aspira el vigor fluídico de los vivos durane su sueño y lo trasmite al cuerpo enterrado, cuyos cabellos crecen como hierbas venenosas, y cuyos labios se coloran de una sangre roja.

Estos muertos se han convertido en vampiros; viven conservados por una enfermedad póstuma que tiene su crisis como todas las demás, y acaba por horribles convulsiones, durante las cuales, el vampiro que trata de aniquilarse, devora sus brazos y sus manos.

Las personas propensas a las pesadillas pueden formarse una idea del horror de las visiones infernales. Estas visiones son el castigo de una creencia atroz que acosan sobre todos los creyentes superticiosos y los ascetas fanáticos; la imaginación ha creado atormentadores, y en el delirio que sucede a la muerte, estos monstruos aparecen al alma como una pavorosa realidad, la rodean, la atacan y la destrozan, tratando de devorarla.

El sabio, al contrario, está acogido por visiones dichosas, cree ver a sus antiguos amigos que vienen a recibirlo y que le sonríen. Pero todo eso, como lo hemos dicho, es un mero sueño, no demora el alma al despertar.

Entonces ha cambiado de medio, está arriba de la atmósfera, que se ha solidificado bajo los pies de su envoltura que se ha vuelto más liviana. Esta envoltura es más o menos pesada; hay algunas que no pueden elevarse arriba de su nuevo suelo; otras al contrario, suben y se ciernen a voluntad en el espacio como alciones.

Pero lazos simpáticos las sujetan siempre a la tierra sobre la cual han vivido y sobre la cual se sienten vivir más que nunca; pues estando destruído el cuerpo que las aislaba, tienen conciencia de la vida universal, participan de las alegrías y de los sufrimientos de todos los hombres.

Ven a Dios tal como es, es decir presente en todas partes, en la precisión infinita de las leyes naturales, en la justicia que triunfa siempre, pese a los acontecimientos, y en la caridad infinita que es la comunión de los elegidos. Sufren, hemos dicho, pero esperan porque aman, y se estiman felices de sufrir. Saborean tranquilamente la dulce amargura del sacrificio y son los miembros gloriosos, pero siempre sangrantes de la gran víctima eterna.

Los espíritus creados a imagen y semejanza de Dios son creadores, como él; pero como él, no pueden crear sino sus imágenes. Las voluntades atrevidas y desordenadas producen larvas y fantasmas; la imaginación tiene la facultad de formar coagulaciones aéreas y electro magnéticas que reflejan, por un momento, los pensamientos y, sobre todo, los errores del hombre o del círculo de hombres que les dió luz. La creación de abortos excéntricos agotan la razón y la vida de los que los producen, y tienen como carácter general la estupidez y la maleficencia, porque son los tristes frutos de la voluntad descarriada.

Los que no han cultivado su inteligencia durante su existencia quedan, después de la muerte, en un estado de sopor y de entorpecimiento lleno de angustias y de inquietud; se encuentran en el vacío y en la noche, sin poder subir o bajar, incapaces de comunicarse ya sea con el cielo o con la tierra. Poco a poco son sacados de este estado por los elegidos que los instruyen, los consuelan y los ilustran; des-

pués se les somete a nuevas pruebas cuya naturaleza nos es
desconocida, pues es imposible que un hombre nazca dos
veces sobre la misma tierra. Una vez caída la hoja de un
árbol ya no se junta con la rama. La oruga se convierte en
mariposa, pero la mariposa jamás vuelve a ser oruga. La naturaleza cierra las puertas detrás de todo lo que pasa y empuja la vida adelante. El mismo pedazo de pan no podría ser
comido y digerido dos veces. Las formas pasan, el pensamiento queda y no toma de nuevo lo que ya usó una vez.

CAPÍTULO III

JERARQUIA Y CLASIFICACION DE LOS ESPIRITUS

Existen espíritus elevados, hay otros inferiores, y también mediocres.

Entre los espíritus elevados, se pueden distinguir también
los más superiores, los menos elevados y los que ocupan un
lugar medianero.

Lo mismo sucede con los espíritus mediocres y con los
inferiores.

Esto nos da tres clases y nueve categorías de espíritus.

Esta jerarquía natural de los hombres ha hecho suponer,
por analogía, los tres rangos y los nueve coros de ángeles y,
después, por inversión, los tres círculos y las nueve escalas
del infierno.

He aquí lo que leemos en una antigua clave de Salomón, traducida por primera vez del hebreo.

"Yo te daré ahora la clave del reino de los espíritus.

Esta clave es igual a la de los números misteriosos de
Jesirah.

Los espíritus son regidos por la jerarquía natural y universal de las cosas.

Tres mandan a tres por intermedio de tres.

Hay los espíritus de arriba, los de abajo, y los del medio; después si invertís la escala santa, si caváis en lugar de subir, encontraréis la contra jerarquía de las cortezas o de los espíritus muertos.

Sabed solamente que los principados, las virtudes y los poderes no son personas sino dignidades.

El primer número es uno.

La primera de las concepciones divinas, llamadas Sephiroth es *Keter* o la Corona.

La primera categoría de espíritus es la de *Hajoth Haccadosch* o las inteligencias del *tetragrama* divino, cuyas letras están figuradas en la profecía de Ezequiel por animales misteriosos.

Su imperio es el de la unidad y de la síntesis.

Corresponden a la inteligencia.

Tienen por adversarios a los *Thamiel* o bicéfalos, demonios de la rebeldía y de la anarquía, cuyos jefes siempre en guerra el uno contra el otro, son Satanás y Moloch.

El segundo número es dos, y la segunda Sephira *Chomach* o la Sabiduría.

Los espíritus de la sabiduría son los *Ophanim*, nombre que significa ruedas, porque todo funciona en el cielo como inmensas ruedas salpicadas de estrellas. Su imperio es el de la armonía. Corresponden a la Razón.

Tienen por adversarios a los *Chaigidel* o las cortezas que se pegan a las apariencias materiales o engañosas. Su jefe, o más bien su guía, ya que los malos espíritus no obedecen a nadie, es Belcebú, nombre que significa Dios de las moscas, por el hecho de que las moscas hormiguean sobre los cadáveres en putrefacción.

El tercer número es tres.

La tercera Sephira, *Binah*, o la Inteligencia.

Y los espíritus de Binah son los *Aralim* o los fuertes.

Su imperio es la creación de las ideas; corresponden a la actividad y a la energía del pensamiento.

Tienen por adversarios a los *Satariel* o los escondederos, demonios de la insensatez, de la inercia intelectual y del misterio.

El jefe de los *Satariel* es *Lucifugo*, llamado equivocadamente y por antífrasis *Lucifer*, así como las *Eumenidas*, que son las Furias, y fueron llamadas en griego las *Graciosas*.

El cuarto número es cuatro; la cuarta Sephira, *Gedulah* o *Chesed*, la magnificencia o la bondad.

Los espíritus de *Gedulah* son los *Haschmalim* o los lúcidos.

Su imperio es el de la beneficencia; corresponden a la imaginación.

Tienen por adversarios a los *Gamchicoth* o los perturbadores de las almas.

Jefe o guía de estos demonios es *Astaroth* o *Astarte*, la Venus impura de los Sirios, que se representa con una cabeza de burro o de toro y pechos de mujer.

El quinto número es cinco; la quinta Sephira, *Geburah* o la justicia.

Los espíritus de *Geburah* son los *Seraphin* o los espíritus ardientes de celo.

Su imperio es el castigo de los crímenes.

Corresponden a la facultad de comparar y de escoger.

Tienen por adversarios a los *Galab* o incendiarios, genios de la cólera y de las sediciones, cuyo jefe es *Asmodeo*, llamado también el *Samael* negro.

El sexto número es seis; la sexta Sephira, *Tiphereth*, la suprema belleza.

Los espíritus de Tiphereth son los *Malachim* o los reyes.

Su imperio es el de la armonía universal.

Corresponden al juicio.

Tienen por adversarios a los *Tagaririm* o los disputadores, cuyo jefe es *Belphegor*.

El séptimo número es siete; la séptima Sephira, *Netsah* o la victoria; los espíritus de *Netsah* son los *Eloim* o los dioses, es decir los representantes de Dios.

Su imperio es el del progreso y de la vida; corresponden al *sensorium* o a la sensibilidad.

Tienen por adversarios a los *Harab-Serapel* o los cuervos de la muerte, cuyo jefe es *Baal*.

El octavo número es ocho; la octava Sephira, *Hod* o el orden eterno; los espíritus de *Hod* son los *Beni-Eloim* o los hijos de los dioses.

Su imperio es el del orden, corresponden al sentido íntimo; tienen por adversarios a los *Samael*, los batalladores, cuyo jefe es *Adramelech*.

El noveno número es nueve; la novena Sephira, *Jesod* o principio fundamental.

Los espíritus de *Jesod* son los *Cherubim* o los ángeles, poderes que fecundan la tierra y que se representan en el simbolismo hebreo con la figura de un toro.

Su imperio es el de la fecundidad.

Corresponden a las ideas verdaderas.

Tienen por adversarios a los *Gamaliel* o los obscenos, cuya reina *Lilith* es el demonio de los abortos.

El décimo número es diez; la décima Sephira, *Malchuth* o el reino de las formas.

Los espíritus de *Malchuth* son los *Ischim* o los viriles que son las almas de los santos, de los cuales Moisés es el jefe. (No olvidemos que es Salomón quien habla).

Tienen por adversarios a los malvados que obedecen a *Nahema,* el demonio de la impureza.

Los malvados son figurados por los cinco pueblos malditos que Josué debía destruir.

Josué o *Jehoshua,* el Salvador, es la figura del Mesías.

Su nombre se compone de las letras del tetragrama divino convertido en pentagrama por la adición de la letra *Schin.*

Cada letra de este pentagrama representa una potencia del bien atacada por uno de los cinco pueblos malditos.

Pues la historia real del pueblo de Dios es la leyenda alegórica de la humanidad.

Los cinco pueblos malditos son los *Amalecitas* o agresores; los *Geburim* o violentos; los *Raphaim* o cobardes; los *Naphilim* o voluptuosos y los *Anacim* o anarquistas.

Los anarquistas son vencidos por el *Iod* que es el cetro del padre.

Los violentos son vencidos por *He,* que es la espada de Michael y la generación por el trabajo y el dolor.

Los voluptuosos son vencidos por el segundo *He,* que es el alumbramiento doloroso de la madre.

Por fin, los agresores son vencidos por el *Schin,* que es el fuego del Señor y de la ley equilibrante de la Justicia.

Los príncipes de los espíritus perversos son los falsos dioses que elllos adoran.

El Infierno no tiene más gobierno que la ley fatal que castiga la perversidad y que corrige el error, pues los falsos dioses existen tan sólo en la falsa opinión de sus adoradores.

Baal, Balphegor, Moloch, Adramelech han sido los ídolos de los Sirios; ídolos sin alma, ídolos hoy aniquilados, de los cuales quedó tan sólo el nombre.

El Dios verdadero ha vencido a todos estos demonios,

así como la verdad triunfa del error. Esto ha sucedido en la opinión de los hombres, y las guerras de Michael contra Satanás son figuras del movimiento y del progreso de los espíritus.

El diablo no es más que un dios ruín.

Las idolatrías acreditadas antaño fueron religiones.

Las idolatrías caducadas son supersticiones y sacrilegios.

El panteón de los fantasmas de moda, es el cielo de los ignorantes.

El albañal de los fantasmas que la locura misma repudia, es el infierno.

Pero todo eso existe tan sólo en la imaginación del vulgo.

Para los sabios, el cielo es la suprema razón, y el infierno es la locura.

Se comprenderá que empleamos aquí el vocablo cielo en el sentido místico que se le da al contraponerlo a la palabra infierno.

Para evocar a los fantasmas, basta embriagarse o volverse loco. Los fantasmas son los compañeros de la embriaguez y del vértigo.

El fósforo de la imaginación entregada a todos los caprichos de los nervios sobreexcitados y enfermizos se llena de monstruos y de visiones absurdas.

También se logra la alucinación mezclando la vigilia al sueño por el empleo gradual de excitantes y narcóticos; pero estas prácticas son crímenes contra la naturaleza.

La sabiduría ahuyenta los fantasmas y nos hace comunicar con los espíritus superiores mediante la contemplación de las leyes de la naturaleza y el estudio de los números sagrados."

Aquí el rey *Scholmoh* se dirige a su hijo Roboam:

Recuerda hijo mío, Roboam, que el temor de Adonai es solamente el principio de la sabiduría.

"Mantiene y conserva a los que no tienen inteligencia en el temor de Adonai, que te dará y conservará mi corona.

"Pero aprende tú mismo a triunfar del temor por la sabiduría, y los espíritus bajarán del cielo para servirte.

"Yo, Salomón, tu padre, rey de Israel y de Palmira, he buscado y conseguido participar de la santa *Chomah*, que es la sabiduría de Adonai.

"Y he logrado ser el rey de los espíritus tanto del cielo como de la tierra, el amo de los habitantes del aire y de las almas vivientes del mar, porque poseía la llave de las puertas ocultas de la luz.

"Yo he realizado grandes cosas con la virtud de *Shema Hamphorasch* y las treinta y dos vías de *Jesirah*.

"El numero, el peso y la medida determinan la forma de las cosas: la substancia es una y Dios la crea eternamente.

"Dichoso es el que conoce las letras y los números.

"Las letras son números, y los números ideas, y las ideas fuerzas, y las fuerzas, Elohim. La síntesis de los Elohim, es el *Shema*.

"El *Shema* es uno, sus columnas son dos, su poder es tres, su forma cuatro, su reflejo ocho, el que multiplicado por tres da los veinticuatro tronos de la sabiduría.

"Sobre cada trono descansa una corona de tres florones, cada floron lleva un nombre y cada nombre es una idea absoluta. Hay setenta y dos nombres sobre las veinticuatro coronas del *Shema*.

"Escribirás estos nombres sobre treinta y seis talismanes, dos sobre cada talismán, uno de cada lado.

"Dividirás estos talismanes en cuatro series de nueve cada una, según el número de letras del *Shema*.

"Sobre la primera serie grabarás la letra *Iod*, figurada por la vara florida de Aarón; sobre la segunda, la letra *He* figurada por la copa de José.

"Sobre la tercera, el *Vau*, figurado por la espada de David, mi padre.

"Y sobre la cuarta, el *He* final, figurado por el ciclo de oro.

"Los treinta y seis talismanes serán un libro que contendrá todos los secretos de la naturaleza, y por medio de sus diferentes combinaciones harás hablar a los genios y a los ángeles."

(Aquí termina el fragmento de la clave de Salomón).

CAPÍTULO IV

LOS DOGMAS CABALISTICOS

(Tomados de la colección de los cabalistas de Pistorius)

1
NOVEN SUNT HIERARCHIAE.
Nueve es el número jerárquico.
Es lo que hemos explicado en el capítulo anterior.

2
SHEMA MISERICORDIAM DICIT, SED ET JUDICIUM.
El nombre divino significa misericordia, porque quiere decir juicio.

El infinito, al ejercer su poder sobre lo finito, debe necesariamente castigar para corregir y no para vengarse. Las fuerzas del pecado no exceden las del pecador, y si el castigo fuera más grande que la ofensa, el castigador, convertido en verdugo, sería el verdadero criminal, completamente inexcusable y digno de un suplicio eterno. El torturado, enaltecido por lo infinito de la pena, se convertiría en Dios, que es lo que los antiguos han figurado en Prometeo, inmortalizado por las mordeduras de su buitre y que debe destronar a Júpiter.

3
PECATUM ADAE FUIT TRUNCATIO MALCHUTH AB ARBORE SEPHIRÓTICO.
El pecado de Adam, es Malchuth caído del
árbol sefirótico.

Para tener una existencia personal e independiente, el hombre ha tenido que separarse de Dios. Es lo que sucede al nacer. Un niño que viene al mundo es un espíritu que se separa del seno de Dios, para probar el fruto del árbol de la ciencia y gozar de libertad. Es por eso que Dios le da una túnica de carne. Está condenado a muerte por su nacimiento mismo que es su pecado; pero, mediante este pecado que lo emancipa, obliga a Dios a rescatarlo y es el conquistador de la verdadera vida que no existe *sin la libertad*.

4
CUM ARBORE PECCATI DEUS CREAVIT SECULUM.
El árbol del pecado ha sido el instrumento de la
creación del mundo.

Las pasiones del hombre lo incitan al combate de la vida; pero no lo arrastrarían a su pérdida si no tuviera la razón para vencerlas y subyugarlas. Es así como fomentan en él la virtud que es la fuerza moral, y para eso las tentaciones le son necesarias. Pues la fuerza se genera en proporción a la resistencia. Es así como según el *Sohar*, para crear lo relativo, Dios hizo un vacío en lo absoluto. El tiempo parece una laguna en la eternidad y según dice la Biblia, Dios se arrepintió de haber hecho al hombre. Pues bien, si uno solamente puede arrepentirse de una falta, la creación es, por decirlo así, el pecado de Dios mismo.

5
MAGNUS AQUILO FONS EST ANIMARUM
El gran aquilón es la fuente de las almas.

La vida necesita calor. Los pueblos emigran del Norte al Sur, y las almas inertes tienen sed de actividad. Es para encontrar esta actividad que vienen al mundo. Tienen frío en su inacción primitiva, puesto que su creación no está terminada. El hombre debe cooperar a su creación: Dios la principia, pero él mismo debe rematarla. Si no debiera nacer ni morir, dormiría, dormiría absorbido en la eternidad de Dios, y no sería nunca el conquistador de su propia inmortalidad.

6
COELUM EST KETER
El cielo es Keter (la corona).

Los cabalistas no tienen nombre para designar al monarca supremo; hablan solamente de la corona que atestigua la existencia del rey, y aquí dicen que esta corona es el cielo.

7

ANIMAE A TERTIO LUMINE AD QUARTAM
DESCENDUNT, INDE AD QUINTAM ASCENDUNT,
DIES UNOS. POST MORTEM NOCTEM
SUBINTRANT.

Las almas hijas de la tercera luz bajan hasta la cuarta, y después se elevan a la quinta; es un día. Cuando llega la muerte, es la noche.

En Dios como en la humanidad, el número tres expresa
la generación, el amor es la tercera persona o concepción
divina; es lo que el cabalista quiere indicar por esta tercera
luz, de la cual bajan las almas para llegar a la cuarta, que
es la vida natural y elemental. De allí deben subir hasta cinco
que es la estrella pentragramática, símbolo de la quinta esencia, símbolo de la voluntad que dirige los elementos. Después
compara una existencia a un día seguido por una noche, para
hacer presentir un despertar seguido de una nueva existencia.

8

SEX DIES GENESEOS SUNT SEX LITTERAE
BARESHSCHITH.

Los seis días del génesis son las seis letras de la
palabra:

9

PARADISUS EST ARBOR SEPHIRICUS. IN MEDIO
MAGNUS ADAM EST TIPHERETH.

El paraíso, es el árbol sefirótico; el gran Adam que
está en el medio, es Tiphereth.

10

QUATUOR FLUMINE EX UNO FONTE, IN MEDIO
UNIUS SUNT SEX ET DAT DECEM.
Las cuatro fuentes del Edem salen de una fuente del
medio formada por seis, lo que da diez.

Estos tres artículos significan que la historia del paraíso
terrestre es una alegoría. El paraíso terrestre es la verdad
sobre la tierra. La descripción que la Biblia da de este jardín
contiene los números sagrados de la cábala. La historia de la
creación del mundo, que precede la descripción del Edem,
antes que un relato, es un símbolo que expresa las leyes eternas de la creación, cuyo resumen está contenido en las seis
letras geroglíficas de la palabra.........................

11

FACTUM FATUM QUIA FATUM VERBUM EST
Un hecho es una fatalidad, porque una fatalidad es
una razón.

Una suprema razón dirige todo, y no hay fatalidad; todo
lo que es, debía ser. Todo lo que sucede, debía suceder. Un
hecho consumado es irrevocable como el destino; pero el destino, es la razón de la inteligencia suprema

12

PORTAE JUBILAEUM SUNT
Las puertas son un jubileo.

Según los cabalistas, las puertas de la ciencia son cincuenta, es decir que son una clasificación general en cinco
series de diez ciencias particulares cuyo conjunto forma la

ciencia general y universal. Cuando se ha recorrido todas estas series, se alcanza el jubileo del verdadero saber, figurado por el gran jubileo que tiene lugar cada cincuenta años.

13
ABRAHAM SEMPER VERTITUR AD AUSTRUM
Abraham se vuelve siempre hacia el viento sur.

Es decir hacia el viento que trae la lluvia. Las doctrinas de Abraham, es decir de la cábala, son doctrinas siempre fecundas. Israel es el pueblo de las ideas reales y del trabajo productivo. Conservando el depósito de la verdad doliente con admirable paciencia, trabajando con una rara sagacidad y una infatigable industria, el pueblo de Dios debe conquistar al mundo.

14
PER ADDITIONEM HE ABRAHAM GENUIT.
Por la adición de *He*, Abraham fué padre.

Abraham se llamaba primero Abram. Dios, dice la Biblia, agregó un *He* a su nombre, anunciándole que sería padre de una multitud.

He es la letra femenina del *tetragrama* divino, representa al Verbo y su fecundidad, es el signo jeroglífico de la realización.

El dogma de Abraham es absoluto, y su principio es esencialmente realizador.

En religión, los judíos no sueñan, piensan y su acción tiende siempre a la multiplicación, tanto de la familia como de las riquezas que mantienen la familia y permiten que aumente.

15
OMNES ANTE MOSEM PER UNICORNEM PROPHETAVERUNT
Antes de Moisés, todos los profetas han jurado por
el Unicornio.

Es decir, han visto solamente un lado de la verdad. El
cuerno, en el simbolismo hebreo, significa el poder, y sobre todo el poder del pensamiento. El unicornio, animal fabuloso que
tiene un solo cuerno en medio de la frente, es la figura del
ideal; el toro, al contrario, o el *Cherub*, es el símbolo de la
fuerza que está en la realidad. Es por eso que Júpiter Amon,
Osiris, Isis, son representados con dos cuernos en la frente;
por eso también, Moisés es figurado con dos cuernos, uno
de lo cuales es la trompeta del verbo y el otro el cuerno de
la abundancia.

16
MAS ET FEMINA SUNT TIPHERETH ET MALCHUTH
El hombre y la mujer son la belleza de Dios y
su reino.

La belleza revela a Dios. La naturaleza demuestra ser
hija de Dios porque es bella. Se dice que lo bello es el esplendor de lo verdadero, y ese esplendor alumbra al mundo,
es su razón de ser. Esta belleza es el ideal, pero este ideal
es verdadero solamente al realizarse. El ideal divino es algo
como un marido de la naturaleza, que la enamora y hace
que se vuelva madre.

17
COPULA CUM TIPHERETH ET GENERATIO TUA BENEDICITUR

Cásate con la suprema belleza y tu generación
será bendita.

Si el casamiento es santo, la posteridad será santa. Los
niños nacen viciosos cuando son concebidos en el pecado.
Hay que exaltar y ennoblecer el amor para santificar el matrimonio. Si los seres humanos al juntarse, obedecen a un
instinto que es común a ellos y a los animales, engendra-
rán animales con forma humana. El verdadero matrimonio
une a la vez las almas, los espíritus y los cuerpos y los hijos
que resultan son benditos.

18
DAEMON EST DEUS INVERSUS

El diablo es Dios invertido.

El diablo no es sino la antítesis de Dios, y si pudiera
tener una existencia real, seguramente Dios no existiría.

El diablo es mentiroso como su padre, ha dicho Jesús.
Pues bien, ¿quién es el padre del diablo? El padre del diablo
es la mentira. El diablo niega lo que Dios afirma; por consiguiente, Dios niega lo que el Diablo afirma. El diablo afirma su propia existencia, y Dios, al hacer triunfar siempre
el bien, da a Satanás un desmentido eterno.

19
DUO ERANT UNUM, QUOD INTRA EST FIET EXTRA ET NOX SICUT DIES ILLUMINABITUR

Dos serán uno, lo que está adentro saldrá fuera y la
noche será clara como el día.

Dios y la naturaleza, la autoridad y la libertad, la fe y la razón, la religión y la ciencia, son principos eternos que no se ha logrado conciliar todavía. Existen, sin embargo, y ya que no pueden destruirse mutuamente, es preciso que se concilien.

La manera de conciliarlos, es distinguirlos bien unos de otros. La sombra es necesaria a la luz; son las noches que separan y que unen los días. Que la mujer no trate de hacerse hombre y que el hombre no usurpe nunca el dominio de la mujer, pero que ambos se unan para completarse.

Tanto más la mujer es mujer, cuanto más merece el amor del hombre; tanto más el hombre es hombre, cuanta más confianza inspira a la mujer.

La razón, es el hombre; la fé, es la mujer.

El hombre debe dejar a la mujer sus misterios, la mujer debe dejar al hombre esa independencia que le sacrifica con tanto gusto. Que el padre no dispute jamás los derechos de la madre en su dominio maternal; pero que la madre no atente jamás a la soberanía paterna del hombre. Cuanto más se respetaren uno a otro, tanto más estrechamente se unirán.

Esta es la solución del problema.

20
POENITENTIA MON EST VERBUM
Arrepentirse no es obrar.

La verdadera penitencia no consiste en quejas y lágrimas; cuando se advierte que se ha obrado mal, es menester recapacitar inmediatamente y obrar bien. ¿De qué sirve, si se ha tomado un camino errado, golpearse el pecho y echarse a llorar como un niño o un cobarde? Tengo que volver sobre mis pasos y correr para recuperar el tiempo perdido.

21

EXCELSIS SUNT AQUAE AUSTRALIS ET IGNIS
SEPTENTRIONALIS ET PRAEFECTI EORUM.
SILE.

El agua reina en el sur y el fuego en el norte.

Guarda silencio sobre este arcano.

Guardaremos el silencio ya que los maestros lo ordenan.

Agregaremos solamente a su fórmula las siguientes que pueden servir para explicarla.

La armonía resulta de la analogía de los contrarios.

Los contrarios son gobernados por los contrarios mediante la armonía.

El rey de las armonías es el rey de la naturaleza.

22

IN PRINCIPIO, ID EST IN CHOMAH
En principio, es decir por la sabiduría

La sabiduría es el principio de todo lo que existe eternamente: todo principia y acaba con ella, y cuando la escritura sagrada habla de un principio, designa la sabiduría eterna. En el principio está el verbo, es decir en la sabiduría eterna está el verbo. Suponer que Dios, después de una eternidad de inacción, resolvió crear, es suponer dos enormes absurdos: 1.°, una eternidad que termina; 2.°, un Dios que cambia. La palabra *Bereschith,* que principia el Génesis, significa literalmente: En la cabeza o por la cabeza, es decir, en pensamiento o por el pensamiento, que, en Dios, es la sabiduría eterna.

23
VIAE AETERNITATIS SUNT TRIGINTA DUO
Las vías que conducen al Eterno son treinta y dos.

Estas treinta y dos vías son los diez números y las veintidós letras.

A los diez números se relacionan ideas absolutas; a la unidad, la de ser; a dos, el equilibrio; a tres, la generación, etc.

En hebreo, las letras representan números, y las combinaciones de las letras forman combinaciones de números y también de ideas que siguen exactamente las evoluciones de los números, por lo que la filosofía oculta es una ciencia exacta, que se podría denominar la aritmética del pensamiento.

El libro oculto que sirve para estas combinaciones es el *tarot*, compuesto de veintidós figuras alegóricas, de letras y de números y de cuatro series de diez que llevan símbolos análogos a las cuatro letras del nombre divino, el *Shema* tetragramático

Estas series pueden reducirse cada una a nueve, ya que, en efecto, hay solamente nueve números, puesto que el denario es la repetición de la unidad.

Cuatro por nueve da treinta y seis, número de los talismanes de Salomón, y sobre cada talismán había dos nombres misteriosos, lo que da los setenta y los nombres del *Shema Hamphorasch.*

Mr. de Mirville pregunta a quien persuadiremos que el *Tarot* con sus figuras paganas es el *Shema Hamphorasch* de los rabinos. No queremos persuadir a él ni a nadie, pero podemos probarlo a quien quiera tomarse el trabajo de estudiarlo con nosotros.

Es verdad que las figuras paganas, egipcias, etc., no

pertenecen al judaismo ortodoxo. El *Tarot* existía en la India, en Egipto y aún en la China al mismo tiempo que entre los hebreos. El que nos ha sido transmitido es el *Tarot samaritano*. Las ideas son judías, pero los símbolos son profanos y se asemejan mucho a los jeroglíficos egipcios y a los del misticismo de la India.

24
JUSTI AQUAE, DEUS MARE
Los justos son las aguas, Dios es el mar.

Todas las aguas van al mar y todas salen de él, pero todas las aguas no son la mar. Así mismo, los espíritus salen de Dios y a él vuelven, pero no son Dios. El espíritu universal, el universo viviente, el ídolo del panteismo no es Dios. El ser infinito animado de una vida infinita revela a Dios y no es Dios. Como principio del ser de los seres, Dios no puede ser asimilado al ser ni a ninguno de los seres. ¿Qué es Dios? Es lo incomprensible, sin el cual no se comprende nada. Es el que la fe afirma sin verlo, para dar una base a la ciencia. Es la luz invisible, de la cual la luz visible es la sombra. Es lo que el genio humano sueña eternamente al sentir que él mismo es meramente el sueño de su sueño. El hombre hace a Dios a su imagen y semejanza y exclama: Así me hizo Dios. Es así como Dios se hace hombre. Es así como el hombre se hace Dios. Busquemos a Dios en la humanidad y hallaremos la humanidad en Dios.

25
ANGELI APPARENTIARUM SUNT VOLATILES COELI ET ANIMANTIA
Los pájaros del cielo y los animales de la tierra son los ángeles de la forma exterior.

Los animales son inocentes y viven de una vida fatal; son los esclavos de la naturaleza exterior e inferior, como los ángeles son los servidores de la naturaleza divina y superior; toman las figuras analíticas del pensamiento que se sintetiza en el hombre; representan las fuerzas especificadas de la naturaleza; han venido al mundo antes que el hombre, para aunciar al mundo la próxima llegada del hombre, y son los auxiliares de su cuerpo, así como los ángeles del cielo son los auxiliares de su alma. *Lo que está arriba es como lo que está abajo.* La serie distribuye la armonía, y la armonía resulta de la analogía de los contrarios.

26
LITTERAE NOMINIS SUNT DANIELIS REGNA
Las letras del tetragrama son los reinos de Daniel

Los animales de Ezequiel figuran las fuerzas celestes, y los de Daniel representan los poderes de la tierra. Son cuatro, conforme con el número de los elementos y de los puntos cardinales. El Edem de Moisés, jardín circular dividido en cuatro partes, por cuatro ríos que fluyen de una fuente central, la llanura circular de Ezequiel (*circum duxit me in gyro*) vivificada por los cuatro vientos, y el océano de Daniel, cuyo horizonte circular está ocupado por cuatro animales, son símbolos análogos, que están contenidos en las cuatro letras geroglíficas que componen el nombre de Jehová.

27
ANGELUS SEX ALAS HABENS NON TRANSFORMATUR
El ángel que tiene seis alas no se transforma nunca.

El espíritu perfectamente equilibrado ya no cambia. Hay tres cielos simbólicos: el cielo divino, el cielo filosófico, y el cielo natural. Las alas de la verdadera contemplación, las de pensamiento esclarecido, y las de la ciencia conforme al ser, son las seis alas que dan estabilidad a los espíritus e impiden que se transformen.

28
LITTERAE SUNT HIEROGLYPHIAE IN OMNIBUS
Las letras son geroglíficos completos que
expresan todas las ideas.

Mediante las combinaciones de estas letras, que son también números, se obtienen combinaciones de ideas siempre nuevas rigurosamente exactas como operaciones de aritmética, lo que es la mayor maravilla y el supremo poder de la ciencia Cabalística.

29
ABSCONDE FACIEM TUAM ET ORA.
Vela tu cara para orar.

Era la costumbre de los judíos quienes, para rezar con mayor recogimiento se envolvían la cabeza con un veló que llamaban *thatith*. Este velo es originario de Egipto y se parece al de Isis. Significa que las cosas sagradas deben ocultarse a los profanos, y que cada uno debe dar cuenta sólo a Dios de los pensamientos secretos de su corazón.

30
NULLA RES SPIRITUALIS DESCENDIT SINE INDUMENTO
El espíritu no baja nunca sin vestimenta.

Los vestidos del espíritu son adecuados al ambiente que atraviesa. Así como la ligereza o la pesadez de los cuerpos los hace subir o bajar, así mismo, el espíritu se viste para bajar y se desnuda para subir. No podríamos vivir en el agua, y los espíritus desprendidos de los cuerpos terrestres no podrían vivir en nuestra atmósfera, como lo hemos dicho ya en otra parte.

31
EXTRINSECUS TIMOR EST INFERIOR AMORE, SED INTRINSECUS, SUPERIOR.
Exteriormente, el temor es inferior al amor, pero interiormente el amor es inferior al temor.

Hay dos temores, el temor interesado y el temor desinteresado; el temor al castigo y el temor al mal.

Pus bien, el temor al mal, siendo el amor a la justicia puro y desinteresado, es más noble que el amor interesado de los que hacen el bien atraídos meramente por las recompensas.

32
NASUS DISCERNIT PROPIETATES
La nariz discierne las propiedades.

En el simbolismo del *Sohar*, la longanimidad divina está figurada por el largo de la nariz que se da a la imagen alegórica de Dios. La humanidad, al contrario, está representada con una nariz corta, porque comprende poco y se irrita fácilmente. En estilo vulgar, tener nariz significa tener un juicio sagaz y tacto en la conducta de la vida. El olfato del perro es una especie de adivinación. Presentir, es casi olfatear.

33
ANIMA BONA, ANIMA NOVA FILIA ORIENTIS.
El alma buena es un alma nueva que viene del oriente.

Hay dos bondades: la bondad original, que es la inocencia, y la bondad adquirida, que es la virtud. El alma nueva, hija de oriente, es pura como el día que despunta, pero debe pasar por una prueba donde su candor se empañará, para que después se purifique por el sacrificio. ¿Lo hará en una sola o en varias encarnaciones? Para nosotros es difícil saberlo; ya hemos dicho por qué las encarnaciones sucesivas nos parecen imposibles; agregaremos que los cabalistas de primer orden jamás las han admitido. En lugar de reencarnación, admiten el embrionato, es decir, la unión íntima de dos almas, la una ya difunta, y la otra todavía viva sobre la tierra: el que ha muerto teniendo que cumplir todavía deberes en la tierra, lo hace por intermedio del vivo. De esta manera, las personalidades quedan intactas, y Elías, sin cesar de ser Elías, puede revivir en Juan Bautista. Es así como Moisés y Elías aparecen sobre el Thabor como asesores de Jesucristo; pues decir que Jesús era la reencarnación de Moisés, sería aniquilar o la persona de Moisés o la de Jesús.

34
ANIMA PLENA SUPERIORI CONJUNGITUR.
Cuando el alma está completa, se une a un alma
superior.

Las almas se unen en pensamiento y por el amor sin tomar en cuenta espacios. De sol a sol, de universo a universo, pueden no solamente corresponder, sino también hacerse presentes unas a otras.

Es así como suceden, según los rabinos, los dos fenómenos del embrionato; el protectorado es la ayuda de un alma libertada prestada a un alma en pena, la asunción de un espíritu militante por un espíritu glorioso y triunfante; en otros términos, es la asistencia de un santo que se hace el ángel custodio de un justo. Estas hipótesis son consoladoras y bellas, es lo único que podemos decir de ellas; se deducen del dogma de la solidaridad de las almas que resulta de la creación y de su existencia colectivas.

35
POST DEOS REX VERUS REGNABIT SUPER TERRAM

Cuando ya no habrá falsos dioses, un verdadero rey reinará sobre la tierra.

La idolatría es el culto del despotismo arbitrario, y los reyes de este mundo están hechos a la imagen de los dioses que la tierra adora.

Un dios que castiga infinitamente seres finitos, después de haberlos creado y haberles impuesto una ley que contraría todas las inclinaciones de su naturaleza, sin que esta ley haya sido promulgada claramente para todos, ese Dios autoriza todas las barbaridades de los autócratas. Cuando los hombres conciban un Dios justo, tendrán reyes equitativos. Las creencias hacen la opinión, y es la opinión que consagra los poderes. El derecho divino de Luis XI está muy emparentado al Dios de Domingo y de Pío V. Es al Dios de Fenelón y de San Vicente de Paula que debemos la filantropía y la civilización modernas. Cuando el hombre progresa, Dios camina; cuando se eleva, Dios se engrandece; en seguida, el ideal que el mundo se ha forjado reacciona sobre el mundo. La irradiación del pensamiento humano al tocar el objetivo divino, se refleja sobre la humanidad; pues este objetivo no es sino un espejo. Este reflejo del mundo ideal se convierte en la luz del mundo real. Las costumbres se forman conforme a las creencias, y la política es el resultado de las costumbres.

36
LINEA VIRIDIS GYRAT UNIVERSA
La línea verde circula alrededor de todas las cosas

En sus pantáculos, los cabalistas representan la corona divina por una línea verde que rodea las demás figuras. El verde es la alianza de dos colores principales del prisma, el amarillo y el azul, figuras de los Elohim o grandes poderes que se compendian y se unen en Dios.

37
AMEN EST INFLUXUS NUMERATIONUM
Amen es la influencia de los números

La palabra amen que termina las preces, es una afirmación del espíritu y una adhesión del corazón. Para que esta palabra no sea una blasfemia, es menester pues que el rezo sea razonable. Esta palabra es como una firma mental; mediante esta palabra, el creyente se afirma y se hace semejante a su oración. Amen es la aceptación de una cuenta abierta entre Dios y el hombre. ¡Desgraciado del que cuenta mal, pues será tratado como un falsario! Decir amén después de haber formulado el error, es dedicar su alma a la mentira personificada por Satanás. Decir amén después de haber formulado la verdad, es pactar una alianza con Dios.

TERCERA PARTE

ESPIRITUS SUPUESTOS O FANTASMAS

ESPIRITUS
SUPUESTOS O FANTASMAS

VISIONES, EVOCACIONES, FENOMENOS DE NECROMANCIA DESDE LA ANTIGÜEDAD HASTA NUESTROS DIAS

CAPÍTULO PRIMERO

ESPIRITUS DE LA BIBLIA EL ESPIRITU DE ELIPHAZ Y LA SOMBRA DE SAMUEL EVOCADA POR LA PITONISA DE ENDOR

ALGÚN día se comprenderá la Biblia, se conocerá los tesoros de ciencia primitiva escondidos debajo de tantos símbolos y tantas figuras; se aprenderá que el Génesis, por ejemplo, no es tan solo la formación de un mundo, sino la exposición de las leyes eternas que presiden la creación incensante y siempre renovada de los seres; se descifrará esos geroglíficos que hicieron reir tanto a Voltaire, se sabrá como un Cherub, es decir un toro (el de Europa y de Mitra), puede estar de guardia a la puerta del jardín de la ciencia, espada en mano. Ahora estas alegorías están veladas, y los grandes monumentos de la antigüedad hierática quedan en pie, envueltos en su soledad y su silencio como las grandes pirámides, sobre las cuales se posa el ojo, sin que digan algo preciso al pensamiento y de las que no se sabe positivamente si son monumentos científicos o sepulcros.

Entre los libros de la Biblia, hay uno que asombra sobre todo por la magnificencia de la forma poética, y por sus melancólicas profundidades. Queremos hablar del *Libro de Job*, la más antigua, tal vez, y seguramente la más notable síntesis que nos queda del dogma filosófico y mágico de la antigua iniciación.

Este libro explica el origen y la razón de ser del mal, indica el fin de la vida humana y de sus sufrimientos. Es la leyenda del "afligido". La alegoria es transparente, los nombres mismos de los personajes revelan no tan solo individuos, sino tipos. *Job*, cuyo nombre significa el "afligido", recibe en su aflicción la vista de tres falsos amigos, los cuales so pretexto de consolarlo, lo atormentan y lo afligen más todavía. Uno de ellos es Eliphaz, el amante de Dios o sea el puritano de aquella época. El segundo es Baldad, el amante de las ideas antiguas. El tercero es Sophar, el filósofo tenebroso y malévolo.

Vienen a visitar a Job en el pais de Hus, nombre que significa "consejo"; y con toda la inocencia feroz de la necedad, aunan sus esfuerzos para inducirle a la desesperación.

El primero que habla es Eliphaz, y como representa la credulidad altanera aduce en apoyo de lo que adelanta el testimonio de un espíritu.

Alguien, dice él, le habló; algún desconocido del cual no ha visto el rostro, pero tembló de miedo; los pelos de su carne se crisparon, y sintió pasar sobre su cara un como soplo que murmuraba palabras inciertas. Con avidez aguzó las orejas y recogió tanto como le fué posible los hilos entrecortados del cuchicheo de esta sombra.

Era un *medium* antiguo, y se ve, al leer este pasaje, que el autor del *Libro de Job* conocía muy bien el genio de los visionarios y el carácter distintivo de las visiones.

No es sin razón que se atribuyó el *Libro de Job* a Moises; pues la belleza de este poema no desmerece de los himnos del gran profeta de los hebreos; es la misma inspiración, las mismas imágenes grandiosas. Pero que sea o no de Moises, este libro sagrado es la obra de un gran hierofante, y la más alta ciencia se junta en él a las más sublimes aspiraciones de la fe.

Es preciso, pues, estudiar y aquilatar cuidadosamente sus palabras. Notemos primero que el hombre de las visiones, el *medium*, como se diría hoy día, es, de los tres amigos de Job, el más triste y el más desesperante. Sus doctrinas hacen dudar de la virtud y conducen a la nada o al infierno a la gran mayoría de los hombres. Pues bien. ¿Quién le ha sugerido estos dogmas fatídicos? Un espíritu que no conocía, pero del cual sus terrores nocturnos han recogido y comentado las palabras. He aquí lo que cuenta:

"Se me ha dicho una palabra misteriosa, y furtivamente, por decirlo así, mi oreja ha recogido los hilos entrecortados de su murmullo."

"En el horror de la visión nocturna, en el momento en que el sueño se apodera ordinariamente de los hombres, el miedo me invadió y temblé, y todos mis huesos temblaron de espanto".

"Y como un espíritu pasaba delante de mi, todos los pelos de mi carne se han erizado".

"Allí había alguien cuya cara no distinguía, y he oído como un ligero soplo que me hablaba".

Notemos bien todas estas circunstancias: es el momento en que la noche es más oscura: la hora en que el silencio de la naturaleza infunde pavor a las almas; el momento en que la vigilia se hace dudosa, que el alma flota en los primeros vapores del sueño y que la razón está encadenada.

Entonces, sin causa aparente, el terror embarga al visionario, su sangre se agita y se agolpa a su corazón; las extremidades están frías, tiembla como si tuviera fiebre, un escalofrío recorre su epidermis, sus pelos y su barba se erizan, y en tal estado, precursor de las alucinaciones, cree ver o sentir pasar un espíritu.

Un fantasma se perfila vagamente en la sombra; no le divisa la cara y oye como en el fondo de él mismo una voz que se parece a una débil respiración. Aquí el fenómeno natural está perfectamente caracterizado; es una pesadilla del primer sueño, es el alma del soñador que se asusta de si misma. Oye con espanto el eco nocturno y apagado de sus propios pensamientos y los formula con penosa atención en palabras de aflicción.

"El hombre, dice él, trataría en vano de ser justo ante Dios; Dios encuentra perversidad hasta en el corazón de sus ángeles. Rebaño sin inteligencia, la humanidad se apiña cerca del abismo, y todos deben caer para siempre en la lobrega noche de la muerte. La criatura es una mancha en el cielo, y Dios se apresura a borrarla; todos pasan y mueren sin haber encontrado la sabiduría".

Es así como la noche llama a la noche y la muerte anuncia la muerte. La pesadilla desconocida revela tan solo ignorancia; su creyente es presa de una pesadilla eterna. "Presérvanos Señor, —dice David, en el libro de los Salmos—, de la cosa pavorosa que se pasea durante la noche".

Ese débil soplo, ese estertor que apenas se siente, ese espectro sin rostro caracteriza de manera sorprendente la ilusión y el error.

Es casi la nada y el silencio; es el viento que parece

hablar en voz baja rozando los raídos pliegues de una mortaja; la reminiscencia que se disuelve en las aguas móviles y encenegadas del sueño. En tales condiciones, el hombre arrebatado por el sueño ya no sabe si duerme o si está despierto; razona durante su sueño y al despertar, por la mañana, habla como si estuviera soñando todavía.

No se sabrá admirar bastante el arte con que el autor del *Libro de Job* describe el carácter del superticioso representado por Eliphaz. Su ciencia ha principiado con un terror nocturno y, por lo tanto, es solo desaliento y terror. Tan negra como la noche, ciega y sin rostro como el fantasma, es el orgullo de un loco que se regocija en su demencia y que se consuela con hacer desesperar, dándose el amargo placer de empujar a los demás a la desesperación.

Todos los criminales, por causa de la religión mal comprendida, han sido visionarios. Santiago Clement y Ravaillac eran perseguidos por las sombras desconocidas y durante sus insomnios oían el ligero soplo de Eliphaz. La voz que dice "mata" y la que dice "desespera y muere" salen igualmente del sepulcro.

Más este sepulcro es el de nuestra razón; los muertos vuelven solamente en nuestros sueños; por eso el estado de *mediumanía* es una extensión del sueño; es el sonambulismo con toda la variedad de sus extasis. Que se profundicen los fenómenos del sueño y se comprenderá todos los misterios del espiritismo.

He aquí por que la ley mosaica, tanto como la cristiana, condenan a los espíritus de *Pitón* y a los que adivinan por *Ob*. Expliquemos estas expresiones: *Pitón*, es una palabra que los intérpretes hebreos han empleado para designar la gran serpiente astral, el fuego vital ininteligible, el torbellino fatal de la vida física, que rodea la tierra mordiéndose la cola y que el sol atraviesa con sus flechas, es decir con sus rayos; la serpiente que tentó a Eva y que aplasta su cabeza bajo el pié de la mujer regenerada, tratando siempre de morderle el talón. *Ob*, es la luz pasiva; pues los cabalistas hebreos dan tres nombres a esta substancia universal, agente de la creación que toma todas las formas, equilibrándose mediante dos fuerzas: activa, se llama *Od;* pasiva, se llama *Ob;* equilibrada, se llama, *Aur. Od* se escribe con *"Vau-Daleth"*, lo que significa, geroglíficamente, amor y poder; *Ob, con "Vau-Beth"*, significando amor y debilidad o atracción fatal; *Aur*, con *"Aleph-Vau-Resch"*, que significa principio de amor regenerador. (Véase en nuestro *"Dogma y Ritual de la Alta Magia"* (¹) las concordancias de las letras hebráicas con los geroglíficos de las grandes claves del *Tarot* samaritano). Los que adivinan por *Ob* son, pues, los intérpretes de la fatalidad. Y bien se conciente la fatalidad cuando se la consulta; se entrega uno a ella, al escogerla por oráculo; así es como se dan arras a la muerte y se menoscaba el libre albedrío. Los que cooperan a esta adivinación se parecen a empíricos que venden venenos públicamente; por eso Moisés, de acuerdo con las costumbres de su país y de su época, no era demasiado severo al condenarlos a muerte.

El caballero de Reichembach, al dar el nombre de *Od* a la luz astral, ha encontrado de nuevo uno de los verdaderos nombres cabalísticos de la luz universal, aunque al generalizarlo, no lo aplicó con exactitud. *Od*, es la luz dirigida y también directora; es la luz astral elevada al rango de luz de gloria. En cuanto al fluído sonambúlico, hay que llamarlo *Ob*, pues es su verdadero nombre, y fuerza es reconocer que nuestras verdaderas sonámbulas, cuando no

---

(¹) "Dogma y Ritual de la Alta Magia", edición de la Editorial Kier, Buenos Aires.

están dirigidas por un magnetizador abundante en *Od*, son adivinadoras por *Ob*, o sea, por el espíritu de *Pitón*, que menciona la Santa Escritura. Los que las consultan caen pues en una imprudencia, impiedad que empujó a Saul, abandonado por Dios, al antro de la pitonisa de Endor. (¹)

Algunos comentadores, entre los cuales se debe contar a San Metodius, apodado Eubulius, obispo de Tiro, al principio del IV siglo, han creído que la pitonisa de Endor era una hábil intrigante que engañó al crédulo rey de Israel. Finge primero no reconocer al rey, después, repentinamente, como si su demonio le revelara la verdad, cae a los pies de Saul. Este golpe de teatro tiene éxito, el príncipe maniático la tranquiliza, le manifiesta tener fe en ella y le ordena evocar a Samuel. Entonces, la pitonisa presa de fuertes convulsiones cae pesadamente al suelo. ¿Qué estás viendo? le grita Saul tembloroso. —Veo dioses que salen de la tierra y veo subir los poderes de la tierra— ¿Qué más vez? —Veo a un anciano envuelto en un manto — Es Samuel, dice el crédulo monarca. La bruja, sin duda secretamente adicta a David, saca del pecho una voz lúgubre. — Es Samuel que estalla en represiones y en amenazas. — Saul, más muerto que vivo, no quiere beber ni comer, está vencido de antemano, va al combate como a un suplicio; los filisteos lo cercan sobre el monte de Gelboe, y se deja caer sobre su espada en lugar de combatir. ¿No ha dejado acaso en casa de la adivinadora su libre albedrío y su razón? Rey caído e incapaz en adelante de reinar, hombre indigno de mandar a hombres, él que había dictado sentencia de muerte contra los brujos y los que los consultan, se mostró rey siquiera al morir, con su último acto justiciero de matarse.

(¹) Véase "El Gran Arcano del Ocultismo", del mismo autor, publicado en Santiago de Chile.

Con razón repugnaba al sabio obispo de Tiro pensar
que la paz de una tumba como la de Samuel pudiera ser
turbada por las evocaciones sacrílegas de una mujer repro-
bada; recordaba las palabras decisivas del evangelio en la
parábola del rico malo: *Chaos magnum firmatum est;* el
gran caos se afirmó, de manera que los que están arriba
ya no *pueden bajar;* y a propósito, nuestro sabio amigo, el
recordado Luis Lucas   hacía una observación muy juicio-
sa. La naturaleza, decía, abre todas sus puertas a la vida,
teniendo cuidado de cerrarlas tras ella para que no retroceda nunca. Ved la savia en las plantas, ved los jugos ali-
menticios en el alambique de las entrañas, ved la sangre en
las venas; un movimiento regular los empuja siempre adelante, y cuando han pasado, los conductos se contraen y se
cierran. Los vivos de una esfera superior, —agregaba—, no
pueden volver a la nuestra, así como el niño nacido ya no
puede entrar otra vez en el seno de su madre.

Nosotros pensamos de la misma manera y no creemos
que el alma de Samuel haya podido venir del otro mundo
para maldecir de nuevo al desgraciado Saul. Para nosotros,
la pitonisa de Endor era una vidente parecida a los ex-
táticos de Cahagnet, que mediante el sonambulismo se comunicó con el alma sombría del rey de Israel y evocó sus
fantasmas. Es del fondo de la conciencia del asesino de los
sacerdotes y de los profetas, y no de las profundidades de
la tierra que se erguía el espectro sangriento de Samuel,
y cuando la sibila pronunciaba con voz de ventrílocuo
anatemas y amenazas, las leía escritas por el remordimiento,
en el pensamiento mismo de Saul.

Capítulo II

(Continuación del anterior)

LOS MUERTOS RESUCITADOS. - EL HIJO DE LA SUNAMITA. - LA TUMBA DE ELISEO

Los antiguos hebreos creían como los modernos en la inmortalidad del alma. Empero, Moisés no la menciona en el Pentateuco. Este dogma, en efecto, era reservado a los iniciados, y, para encontrarlo en todo su esplendor, es menester penetrar en los santuarios de la cábala. Moisés, cuyo mayor cuidado era alejar a su pueblo de la idolatría, sabía que la fe mal ilustrada sobre la inmortalidad del alma provoca el culto de los antepasados, y él no quería que los hebreos se volvieran chinos. No quería que el pueblo de Abraham y de Jacob llevara del Egipto el fetichismo de los cadáveres; no quería dar al templo del Dios viviente un sótano lleno de momias. La conservación de los cadáveres es, en efecto, un ultraje a la naturaleza, por ser una prolongación artificial de la muerte. Moisés temía también fomentar la necromancia, y parecía preveer de antemano la epidemia de las mesas giratorias y de los espíritus golpeadores.

Es peligroso sobreexitar la imaginación de las multitudes y sin embargo, más tarde, el cristianismo no evito ese peligro. El soñar del cielo hizo descuidar demasiado la tierra, sin recordar bastante que, según la palabra del Maestro, la voluntad de Dios debe hacerse *sobre la tierra como*

en el cielo. "Lo que está abajo es como lo que está arriba",
dice Hermes Trimegisto y "lo que es arriba es como abajo":
Cuando la barbarie está sobre la tierra, está también en
el cielo que los hombres se forjan. Lo atestigua el fanatismo de la Edad Media y el dios de los inquisidores.

La religión de Moisés es una razón sin ternura, y el
cristianismo ha sido al comienzo una ternura sin razón. Hay
que perdonar mucho a los que han amado mucho. Adorar
a los muertos que nos son queridos, es sin duda un error,
pero ¿es un crimen imperdonable?

Para nosotros no hay muertos, todo está vivo. Nuestras
reliquias mismas, estos restos de osamenta que causan horror al puritanismo judaico, ya no son fragmentos de cadáveres. Reanimados por la fe común, regadas con las dulces
lágrimas de la esperanza, calentadas por la caridad de todos, son simientes de resurrección y prendas de vida eterna.
Israelitas, otorgad algo a la santa locura del amor, y nos
hareis volver con más facilidad a la severidad del dogma
mediante la indulgencia de la razón.

Creer en la resurrección de los muertos, es creer en la
inmortalidad del alma. Pues bien, los hebreos creían en la
resurrección de los muertos. Elías resucita al hijo de la viuda
de Sarepta; Eliseo al de la Sunamita, y un muerto que se
echa por casualidad en el sepulcro de este profeta resucita
al contacto de sus osamentas. Las dos resurrecciones del hijo
de la viuda y el de la Sunamita parecen casi calcadas una
sobre otra, solo que el relato de esta última agrega detalles
de operaciones magnéticas dignas de ser notadas. El hijo
de la Sunamita ha muerto de una congestión cerebral a
causa de una insolación. Primero, Eliseo manda a su servidor Giezi, y le da su propio bastón: Lo dirigirás, —le dice— hacia la cara del niño y lo tocarás con él. Giezi se va
con la vara, pero, ya sea por torpeza o ya por carecer de

fe, su operación no surte efecto y vuelve sin obtener éxito. Entonces, Eliseo va personalmente cerca del niño y trata de reanimarlo por incubación y por insuflación. Pone su cara sobre la cara del niño, sus manos sobre las manos y sus pies debajo de sus pies; después, sin duda para cobrar fuerzas, se interrumpe y se pasea por la pieza; empieza de nuevo su incubación magnética y el niño vuelve a la vida. Leemos eso en el cuarto libro de los Reyes.

Hemos dicho, en nuestro "*Dogma y Ritual de la Alta Magia*", que una resurrección no nos parece imposible mientras que el organismo vital no esté destruido.

La naturaleza, en efecto, no obra a saltos, y la muerte natural está siempre precedida por un estado parecido a la letargia. Es un entorpecimiento que una fuerte sacudida o el magnetismo de una poderosa voluntad puede vencer, lo que explica la resurrección de este muerto echado sobre los huesos de Eliseo.

El hombre estaba probablemente sumido en esa letargia que precede ordinariamente a la muerte. Los que lo llevaban, asustados por la llegada de una horda de bandidos del desierto, echan a todo trance el cadáver en el sepulcro abierto del profeta para ocultarlo a los infieles. Sin duda el alma del muerto, se cernía en las capas inferiores de la atmósfera, no bien desprendida todavía de sus restos mortales; el terror de su familia se comunicó simpáticamente a esta alma que tuvo miedo de que sus restos fueran profanados por los incircuncisos, y volvió a entrar violentamente en su cuerpo para levantarlo y salvarlo. Se atribuyó esta resurrección al contacto de las osamentas de Eliseo, y el culto de las reliquias data lógicamente de esta época. Es evidente que los hebreos, que tienen por sagrado el libro donde se cuenta esta historia, no pueden considerar malo el culto que los católicos rinden a las osamentas y demás restos de sus santos.

¿Por que, por ejemplo, la sangre de San Genaro tendría una eficacia menor que el esqueleto de Eliseo?

CAPÍTULO III

LOS ESPIRITUS EN EL EVANGELIO DEMONIOS, POSESOS Y APARICIONES

Jesús llama a Satanás "el príncipe de este mundo"; es pues un poder que impera sobre la tierra.

No un poder espiritual, porque entonces excluiría el de Dios.

Jesús dice que Satanás es mentiroso como su padre, porque el padre de Satanás es el espíritu de mentira que da personalidad al error.

Usar mal las fuerzas de la naturaleza, es engendrar a Satanás.

Concebirlo todo sin Dios, es concebir a Satanás. El diablo es un panteísmo sin cabeza.

Es el hombre con una cabeza de macho cabrío.

Es el instinto animal puesto en el lugar de la razón reguladora.

Es la sombra que reniega del cuerpo.

Es el jarro que reniega del alfarero.

Es la pesadilla, es lo absurdo de la razón que niega lo absurdo de la fe.

Es la casualidad que se opone a la regla; es la mueca que insulta a la belleza; es la nada que dice: Yo soy Dios.

Satanás es la locura, y los poseídos del demonio son los locos.

Uno de ellos es mudo, otro desgarra sus vestidos y se esconde en las tumbas; otro se echa ora en el fuego, ora en el agua, y parece atacado de la manía del suicidio. ¿Qué es todo eso? Enfermedades mentales.

Jesús, al atribuir a Satanás, es decir a la electricidad descarriada la mayor parte de las demás enfermedades, dice, designando a una mujer deforme y doblegada en dos: "Ved esta hija de Abraham que ha sido trabada por Satanás"! Se comprende que aquí Satanás es la personificación del mal físico. Trabada por Satanás, quiere decir aquí, evidentemente, trabada por una afección nerviosa o reumática. Por lo demás, la serpiente del Génesis no puede ser el Satanás de Milton. Era el más insinuante y el más astuto de los animales, dice el texto sagrado, y para castigarlo, Dios lo condena a arrastrarse sobre su vientre y a comer tierra; suplicio que no se parece en nada a las llamas tradicionales del infierno. Es cierto también que la verdadera serpiente, no la alegórica, se arrastraba antes del pecado de Eva y que jamás ha comido tierra; aquí se trata, pues, de una alegoría, se refiere a ese fuego astral que se arrastra y que corroe, a aquel fuego terrestre que entretiene la vida física al dar la muerte. Del mismo modo, Satanás, hace achacosas o paralíticas a las ancianas hijas de Abraham. ¿Qué pensar de esa legión de demonios, que echados fuera del cuerpo de un poseído, piden como un favor refugiarse en una tropa de cerdos que se vuelven furiosos y corren a ahogarse en el lago de Tiberiades? ¿No es evidentemente una parábola judaica, cuyo objeto es mostrar cuan impuro es el cerdo?

Si tuviera uno que tomar al pie de la letra semejantes historias, Voltaire habría tenido mil veces razón de burlarse de ellas. Pero se sabe que la letra mata y que solo el espíritu vivifica. No por eso decimos que el hecho sea imposible. La rabia de los perros se comunica a los hombres. ¿Por qué la rabia de los hombres, o ciertas locuras furiosas. no se comunicarían a los animales?

Pero que ángeles caídos, que puros espíritus condenados al infierno encuentren un alivio al ahogarse bajo la forma de cerdos y que el Salvador del mundo, la razón suprema encarnada, consienta esa horrorosa y ridícula maldad, es lo que el más vulgar buen sentido no puede admitir. Evidentemente hay en ese relato, chocante en apariencia, algo encubierto.

Cuando un espíritu inmundo está echado fuera del cuerpo de un hombre, dice el Salvador, anda recorriendo los lugares áridos, buscando un descanso que no encuentra; entonces dice: Volveré a la casa que he dejado. Regresa pues, y encontrando esta casa limpia y adornada, va en busca de otros siete espíritus más malvados que él, entran todos juntos, se acomodan, y el estado del enfermo se vuelve peor que antes. Si hubiera de comprenderse este discurso simbólico conforme a las ideas de los demoniómanos, el mismo Jesús habría cometido malas acciones al sanar a los posesos, ya que, según su doctrina misma, los exponía a una obsesión siete veces más cruel. Pero aquí se trata de enfermedades mentales que empeoran muchas veces al querer sanarlas. Si se echa una ilusión de la cabeza de un loco, pronto llegan siete más insensatas que la primera. Por eso, Jesús ocultaba a la multitud las elevadas verdades de su doctrina y las revelaba solamente a un reducido círculo de iniciados, envueltas en parábolas. Tenía miedo al espíritu impuro que se llama legión o multitud. Quiero, decía él, que estas gentes oigan sin entender, que miren sin ver, pues tengo miedo que se conviertan. ¡Ay! presentía las guerras de religión, los asesinatos y las hogueras, veía de lejos el imperio romano derrumbarse en la sangre de las persecuciones, y el fanatismo vengativo condenando a muerte la piedad que reza y que perdona. Echaba un demonio mudo, que era el culto de los ídolos, y veía llegar siete demonios charlatanes; los

siete pecados capitales erigidos como doctores de la Iglesia.
Por eso recomendaba el silencio cuando él mismo, tal vez,
ya había hablado demasiado. Por eso, cuando es traicionado y renegado por los suyos, calumniado y maldecido por
los sacerdotes, acusado ante los jueces, expuesto a los clamores de la vil multitud que deseaba su muerte, se encierra en el más absoluto silencio, no contesta nada a Pilatos,
nada quiere decir a Herodes; ¿qué les diría y para qué?
Son indignos e incapaces de comprenderlo. Por fin, cuando
ha apurado hasta las heces la copa de la ingratitud, cuando
se siente morir en un atroz suplicio, sin haber podido hacer
otra cosa para los hombres a los cuales tanto amó, que hacerlos más culpables y más malvados, se le parte el corazón,
parece dudar de sí mismo, y exhala ese grito terrible: ¡Dios
mío, Dios mío, por qué me abandonaste!

Cuando expiró, dice el Evangelio, la tierra tembló, el
sol se oscureció, el velo del templo se rasgó de arriba abajo,
las piedras se partieron, las tumbas se abrieron y los muertos salieron y aparecieron a varias personas. Si hubiera que
atenerse a la letra de esas cosas, la historia haría seguramente alguna mención de ese formidable acontecimiento. El
terremoto habría sido universal, ya que el oscurecimiento del
sol es distinto de un simple eclipse. ¿Cuáles son las piedras
que se partieron? ¿Todas las piedras? Pues entonces las ciudades habrían tenido que derrumbarse. ¿Qué piedras? ¿Cuáles? ¿Y por qué estas más bien que aquellas? Los muertos
salieron de sus tumbas, ¿en qué estado? ¿Tales como eran?
¿Cómo esqueletos, en estado de putrefacción o con cuerpos
nuevos? Fué entonces una verdadera resurrección. Pero la
Escritura denomina a Jesús el primogénito de entre los muertos, es decir, el primer resucitado, y en este momento Jesús
acababa solamente de morir. La letra no sostiene aquí el exa-

men más ligero, hay pues que acudir al espíritu, es decir,
a la alegoría.

Jesucristo muere, en efecto, y el mundo antiguo tiembla;
no se repondrá de esta sacudida y el coloso romano va a
caer en pedazos. El velo del templo se rasga, es decir, que
los más secretos misterios de la religión judaica quedan a
descubierto; es la humanidad divina o la divinidad humana.
El sol se obscurece, o sea, que los antiguos cultos del Oriente que consideraban al sol como la imagen más perfecta de
Dios han perdido su eficacia. Un sol viviente acaba de aparecer sobre la tierra; desaparece para renacer; los días del
alma han encontrado su tea. Las piedras se parten, es decir,
que los corazones más duros no pueden resistir a la dulce
violencia del gran sacrificio. Las tumbas se abren solas, porque la muerte acaba de dejar caer las llaves de las puertas
eternas. Los muertos se levantan y parecen resucitar de antemano, porque la muerte triunfante de la más grande de
las víctimas acaba de dar un golpe mortal a la muerte misma, y la inmortalidad del alma se hace casi visible sobre
la tierra. Tal es el sentido, el verdadero sentido, el único
sentido posible y razonable de las palabras sagradas toma-
das al pie de la letra por tantos niños entre los cuales es
preciso colocar a los teólogos imbéciles de la Edad Media.

En cuanto a las apariciones de Jesucristo mismo, no
las tocaremos, pues son del dominio exclusivo de la fe. No-
taremos tan solo que en nada favorecen las ideas del espiritismo, pues Jesucristo aparece no como muerto, sino como
vivo. No es en espíritu, es en carne y hueso que se halla
en medio de sus discípulos; les invita a tocarlo y les pide
de comer; come, en efecto, y bebe con ellos. Santo Tomás
lo toca y le encuentra un cuerpo palpable y real. Sin embargo, ese cuerpo que tiene carne y huesos, ese cuerpo que
se alimenta con pan y miel aparece y desaparece como una

fantasmagoría, pasa a través de las puertas cerradas. Esas son cosas del otro mundo que no se podrían explicar en este. Allí hay evidentemente algún misterio. Obligados a esconderse, los primeros cristianos tenían sus parábolas y su ocultismo. Escribían para ser comprendidos solamente por inciados. La aparición a los viajeros de Emmaus puede echar alguna luz en estas sombras.

Dos viajeros pasaban no muy lejos del villorrio de Emmaus, eran discípulos de Jesús y departían tristemente acerca de la muerte violenta de su Maestro. Un viajero desconocido se acerca a ellos y les reprocha su tristeza, les explica las Escrituras, y les recuerda sobre todo las palabras del Maestro antes de morir: "Seréis uno conmigo, así como soy uno con mi Padre. El que vea a mi Padre, y el que vosotros veréis me verá. El que os escucha me escucha y cuando estéis dos o tres reunidos en mi nombre, estaré en medio de vosotros".

Hablando así, llegan a la hostería, el viajero toma el pan, lo bendice y lo parte, como Jesucristo lo había hecho en la Cena; entonces se abren los ojos de los dos discípulos, reconocen que, conforme con su palabra, Jesucristo está realmente presente en medio de ellos; comprenden que ha resucitado y que está siempre visible a los suyos, siempre presente en su Iglesia. Recibieron pues la comunión de manos de Jesucristo mismo, y después de la comunión no lo vieron más. Aquí está expresado con reticencia y de una manera encubierta todo el misterio del sacerdocio. El sacerdote que oficia misa es realmente Jesucristo para la fe de los espectadores, y la prueba está en que el sacerdote, al pronunciar las palabras sacramentales, no dice: Este es el cuerpo de Cristo; sino como lo ha dicho el Maestro: "Este es mi cuerpo". Desde entonces el creyente ya no ve el sacerdote, ve a Jesucristo que le da su cuerpo y recibe realmente el cuerpo sagrado de Jesucristo; pero después del sacrificio, Jesús ha desaparecido, y nadie se preocupa del buen cura que vuelve a la sacristía rezando en voz baja los versículos de su *Te Deum*.

En la Iglesia de Saint Gervais, en Paris, se ve un cuadro mural de Giguox, que representa a maravilla, según nosotros, el misterio de la resurrección del Salvador. No es un trueno ni un sepulcro que estalla en medio de soldados asustados; es una tumba que se abre sola, una luz que brota como una flor matinal, suave como el crespúsculo, pero bastante potente ya para alumbrar claramente a los espectadores de esta escena. El Cristo no vuela, camina delante con la placidez de la calma eterna. Su gesto es él de la enseñanza de las cosas divinas, se cree estar viendo su aureola ensanchada con matices irisados, y a su alrededor principia a extenderse un cielo nuevo. Los guardias no están fulminados ni aterrorizados, sino sobrecogidos y como paralizados por un estupor que no excluye la admiración, y tal vez con una vaga esperanza, pues, ¿no es para ellos, los pobres mercenarios del mundo romano, que el Redentor acaba de triunfar de la muerte? Todo en este cuadro expresa la calma; el pintor alcanzó sublimes efectos con gran simplicidad. Cuando se ha visto ese cuadro, siempre se vuelve a verlo en imaginación, e involuntariamente se le contempla con emoción incansable.

El sentimiento que se experimenta es algo como una enajenación del pensamiento o un éxtasis del corazón.

Es a las artes a quienes se debe pedir la revelación del progreso. Lo que el filósofo no sabe o no se atreve a decir todavía, el artista lo adivina, y nos hace soñar de antemano con lo que algún día hemos de saber.

CAPÍTULO IV

HISTORIA DE SAN ESPIRIDION Y DE SU HIJA IRENE

A mediados del siglo IV, en Tremitonto, en la isla de Chipre, vivía el santo obispo Espiridión, uno de los padres del Concilio de Nicea. Era un bondadoso y venerable anciano, pobre como el Cristo, penitente como un asceta y caritativo como un apóstol. Había sido casado y al morir, su mujer le había dejado una hija llamada Irene, la cual dedicó su alma a la oración y su cuerpo a la virginidad. Vivía con ella en una cabaña rodeada de un pequeño jardín que el obispo mismo cultivaba.

Era el consejero de toda la comarca, de la cual Irene era la providencia; cuidaba los enfermos y visitaba a los pobres, enriqueciéndolos de valor, y dando de limosna todos los tesoros de su corazón. Además, rezaba, ayunaba y velaba tanto que su salud decaída al mismo tiempo que su alma se desprendía poco a poco de la tierra.

Apenas salida de las catacumbas, la Iglesia cristiana, que Constantino acababa de cubrir con su púrpura, parecía entonces atacada del mal que consumió a Hércules cuando tocó la ropa sangrienta de Dejanira; se desgarraba las entrañas; el arianismo agresivo y una ortodoxia turbulenta se repartían sus jirones. El astuto y cruel Constancio acababa de remozar en la sangre de su familia la púrpura del manto de Constantino. Juliano estudiaba la filosofía de Atenas, y en medio del miserable conflicto de los teólogos y de los rectores, presintiendo, sin resignarse a ello, el ruidoso derrumbamiento del imperio, soñaba con virtudes de otras edades, y en

la soledad de los antiguos templos abandonados, lloraba al
pensar en la gloria de los antiguos dioses.

El cristianismo, en efecto, condenaba a muerte al antiguo
mundo, y hacía santos sin mejorar las costumbres públicas;
muy al contrario, la putrefacción se apresuraba en dar lugar
a la vida nueva. La Iglesia temporal ya tenía horribles obis-
pos, como Jorge de Capadocia; los santos creían más que
nunca en el próximo fin del mundo y huían al desierto. Espiridión y su hija eran ascetas como San Pablo el Ermitaño
y como San Antonio, pero habían comprendido que toda la
vida divina estaba en el espíritu de caridad. Espiridión continuó, pues, siendo obispo, y para que nuestros lectores se-
pan cómo comprendía la caridad, vamos a relatar una anéc-
dota de su vida.

Era el fin de una cuaresma, de una cuaresma tal como
la practicaba Espiridión; los magros alimentos de la santa
cuaresma estaban terminados; era el día Viernes Santo. Espiridión debía pasar ese día y el siguiente sin tomar alimento alguno, nada tenía pues en su casa, nada, fuera de un
pedazo de carne de cerdo colgado al humo del fogón, y reservado para la fiesta de la Pascua, cuando un viajero ex-
tenuado por la fatiga y el hambre llamó a su puerta. El obispo de Tremitonto lo recibió con solicitud y le prodigó cuidados paternales; mas se dió cuenta que su huésped estaba al
punto de desmayarse de inanición. ¿Qué podría hacer? Era
tarde, no había vivienda cerca, la ciudad estaba bastante
distante. Espiridión no vaciló, cortó un pedazo de carne sa-
lada, la coció y la ofreció al viajero. Este la rechazó con
asombro y temor: Soy cristiano, Padre, dijo al obispo, ¿por
qué pues me ofrecéis carne? ¿Creéis que soy capaz de insul-
tar con mi intemperancia a la muerte de Cristo, nuestro
Maestro?

Yo soy cristiano como vos, hijo mío, le confesó con

dulzura Espiridión; y además soy obispo, es decir pastor y médico. Es como médico que os ofrezco estos alimentos, los únicos que puedo ofreceros. Estáis agotado, y mañana, tal vez, sería tarde para salvar vuestra vida. Comed pues estos alimentos que bendigo y vivid.

—Jamás, —le contestó el viajero—, lo que me aconsejáis, no lo harías vos mismo.

—Lo que no haría para mí, —dijo el anciano—, lo haré seguramente para vos, como te ruego que lo hagas para mí. Ved. ¿Queréis que tome un poco de esta carne para alentaros a usar de ella sin escrúpulos?, y San Espiridión tomó y comió un poco de cerdo para exhortar a su huésped a que haga lo mismo, pues la caridad, según él, era una ley más imperiosa que la de la abstinencia y del ayuno.

Tal era San Espiridión de Tremitonto, y sin duda, tal era también su hija Irene.

Estos dos ángeles de la tierra no tenían sino un corazón y un alma. Cuando Espiridión iba a visitar su diócesis, Irene cuidaba la ermita y atendía a los pobres, a los peregrinos y a los que requerían buenos consejos. Todo lo que hacía o decía era aprobado de antemano por su padre; por su parte Irene no decía sino lo que Espiridión mismo hubiera dicho, y con una maravillosa adivinación, hacía las buenas acciones que él mismo hubiera hecho.

Estos dos santos fueron momentáneamente separados por aquel trabajo de renacimiento que solemos llamar muerte. La más joven fué libertada primero. Irene se apagó dulcemente, como una lámpara cuyo aceite está agotado. Espiridión le rindió los últimos deberes, pero no la lloró, pues ella no lo había abandonado y sentía que estaba más que nunca unida a su pensamiento y a su corazón. Le parecía tener una memoria doble y un doble pensamiento. Tal vez

Irene había encontrado su paraíso en el alma bienaventurada de Espiridión.

Estos detalles son necesarios para explicar el hecho siguiente: Durante una de las ausencias de Espiridión, un cristiano antes de emprender un largo viaje, había depositado, en manos de Irene, una cantidad de dinero que constituía toda su fortuna. Irene había enterrado el depósito sin hablar de ello a quienquiera que sea.

Cuando el cristiano regresó, Irene había muerto, y grande fué el asombro del santo obispo al oir que le reclamaban un depósito del cual no tenía conocimiento alguno.

Se dirigió a la tumba de Irene y la llamó tres veces en alta voz. Entonces Irene le contestó del fondo de su tumba diciendo: Padre, padre, ¿qué deseáis? Es a lo menos lo que los legendarios cuentan.

—¿Qué has hecho del dinero que nuestro hermano te había confiado? —le dijo Espiridión.

—Padre mío, lo he enterrado en tal parte.

El padre cavó y encontró el depósito intacto.

Los detalles de esta historia no están evidentemente exactos, pero en el fondo pueden ser verdaderos.

Nadie supondrá que el alma de los muertos y sobre todo la de los justos esté encerrada en la tumba para sufrir allí la corrupción lenta de la carne y de los huesos.

Irene no estaba dentro de la tierra y no nos parece imposible que el santo varón haya ido sobre la tumba de su hija a evocar recuerdos para obtener por simpatía magnética una intuición de segunda vista. Creemos en la unión íntima de las almas santas que la muerte no sabría separar; Dios colma la distancia que separa el cielo de la tierra y no deja vacíos entre los corazones. Los recuerdos de Irene han podido revelar lo que la joven no había hablado antes a su padre? ¿Su avanzada edad y las numerosas atenciones de su episcopado no le habrían hecho olvidar la confidencia? ¿No sucede a menudo que nos olvidamos de lo que hemos dicho y aun escrito anteriormente como si fuera un pensamiento nuevo? ¿Cuántas reminiscencias vagas no nos persiguen, y quién podría decir cuán grande es el lugar ocupado por recuerdos varias veces borrados en los desvaríos de nuestra vigilia y en los sueños de nuestras noches?

Comparemos esta revelación de Irene a su padre Espiridión con una aventura más reciente y menos conocida.

Se trata de Sylvain Maréchal, un buen hombre excéntrico del siglo pasado que se creía ateo de veras.

Sylvain Maréchal no admitía al existencia de Dios, y para ser lógico, rechazaba también la inmortalidad del alma; había hecho malos versos para defender esta mala causa. Era, por lo demás, un hombre honorable, amado de su mujer y estimado por sus amigos.

Cuando se le hablaba de la muerte, solía decir que era el gran sueño, y agregaba sentenciosamente este dístico, uno de sus pecados contra Apolo:

> *Dormons Jusqu au bon temps,*
> *Nous dormirons longtemps.*

El que había sido conducido al ateísmo por el progreso de su siglo, dudaba un poco del progreso y poco creía, como se ve, en el advenimiento de una época mejor, siendo ordinariamente el ateísmo la desesperanza de una creencia descarriada.

Pero; ¡ay! La gente que no cree en la inmortalidad del alma muere como los demás! Sylvain Maréchal vió llegar la hora del gran sueño. Su mujer y una amiga llamada Mme. Dufour, velaban a su cabecera; la agonía había principiado. De repente, el moribundo, como si recordara algo, hizo un

gran esfuerzo para hablar. Las dos señoras se inclinaron
hacia él... Entonces, con una voz tal débil que se oía apenas, pronunció estas palabras: "Hay quince..." y la voz
le faltó. Trató de reemprender y murmuró otra vez: "Quince", pero fué imposible oir lo demás. Sus labios se movie-
ron de nuevo un poco, y después de un gran suspiro, expiró.

La noche siguiente, madame Dufour, que acababa de
acostarse, no había apagado todavía su lámpara, cuando oyó
que su puerta se abría lentamente. Puso la mano delante de
la luz y miró. Sylvain Maréchal, estaba en medio de la pieza, vestido como de costumbre, ni más triste ni más alegre.

—Querida señora, le dijo, vengo a deciros lo que no
he podido acabar ayer: hay mil quinientos francos oro escondidos en un cajón secreto de mi escritorio, le ruego cuidar que esta suma no caiga en manos que no sean las de
mi mujer.

Madame Dufour más asombrada que asustada por esta
pacífica aparición, dijo entonces al aparecido:

—Y bien, querido ateo, pienso que ahora creéis en la
inmortalidad del alma.

Sylvain Maréchal sonrió tristemente, sacudió un poco
la cabeza y replicó, repitiendo solamente por última vez su
dístico:

> *Dormons jusqu'au bon temps,*
> *Nous dormirons longtemps.*

y salió enseguida. El miedo embargó entonces a Madame
Dufour, prueba de que entonces despertó completamente; se
echó fuera de la cama, para correr a la pieza de su amiga, la
señora Maréchal, a quien encontró que iba a donde ella
pálida y azorada. Acabo de ver a Mr. Maréchal, dijeron al

mismo tiempo las dos mujeres, y se contaron los detalles
casi idénticos de la visión que cada una acababa de tener.

Los mil quinientos francos fueron encontrados en el cajón secreto del escritorio.

Una amiga común de las dos señoras nos contó esta
historia que les había oído relatar varias veces. Creemos
que es verídica, pero pensamos que cuando las señoras vieron al fantasma, ya estaban medio dormidas. Preocupadas
por las últimas palabras de Maréchal, las cotejaron con la
lucidez particular de las personas afligidas con mil peque-
ñas circunstancias que habían conocido sin notarlas, y que
se habían grabado involuntariamente en su recuerdo: el moribundo, había proyectado con fuerza su voluntad en estas
dos almas simpáticas; les había comunicado la facultad de
adivinar lo que quería decirles. Lo vieron absolutamente como se ve en sueño, con sus vestidos de costumbre y su manía de recitar versos malos; lo vieron como se ve siempre a
los muertos, en una especie de espejo retrospectivo, como
lo habría visto un sonámbulo, descubriéndo así el secreto de
su escondrijo y de su oro.

Hay allí un fenómeno muy notable de alucinación colectiva y simultánea, con identidad de segunda vista; pero
no hay nada que pueda probar algo a favor de las evocaciones y de la vuelta de los difuntos.

Sea lo que fuere del fantasma de Sylvain Maréchal, su
incredulidad póstuma nos recuerda un pensamiento azás singular de Swedenborg. La fe, dice él, siendo una gracia que
se debe merecer, Dios no la impone jamás a nadie, aun después de la muerte. Por lo tanto, no es raro encontrar en el
mundo de los espíritus, incrédulos que niegan tanto como antes lo que han negado siempre; no se rinden a la evidencia de
la inmortalidad suponiendo que no han muerto, sino que están
atacados por alguna enfermedad mental que ha cambiado el

asiento de sus sensaciones. Viven siempre como vivían sobre la tierra; se quejan solamente de no ver más lo que veían, de no oir lo que oían, no gustar lo que gustaban, ni poseer lo que poseían; viven así una existencia falsa, protestando contra la verdadera vida, y siempre engañados en su fastidio por la esperanza de la muerte. Estas imaginaciones, del místico sueco son tan ingeniosas como pavorosas y bastarían para explicar, sino el liviano sueño de Irene en su tumba de Tremitonto, a lo menos la doble visita nocturna de Sylvain Maréchal, un día después de su muerte por intereses materiales y mezquinos, si a las suposiciones sacadas de la imaginación de los místicos no preferiríamos mil veces las simples hipótesis de la ciencia y de la razón.

Capítulo V

MISTERIO DE LAS INICIACIONES ANTIGUAS. - LAS EVOCACIONES POR LA SANGRE. - LOS RITOS DE LA TEURGIA. - EL CRISTIANISMO ENEMIGO DE LA SANGRE

Los misterios de la locura son los misterios de la sangre, Son los movimientos desordenados de la sangre los que perturban la razón de la gente despierta y que durante la noche, producen sueños también desordenados. La locura y ciertos vicios son hereditarios, porque residen en la sangre. La sangre es el gran agente simpático de la vida; es el motor de la imaginación, el *substratum* animado de la luz magnética o de la luz astral polarizada en los seres vivos; es la primera encarnación del flúido universal; es la luz vital materializada. Está hecha a la imagen y semejanza del infinito; es una substancia negativa en la cual nadan y se agitan millares de glóbulos vivos e imantados, glóbulos hinchados por la vida y enrojecidos de esa incomprensible plenitud. Su nacimiento es la más grande de todas las maravillas de la naturaleza. Vive tan sólo para transformarse; es el Proteo universal que sale de principios en los cuales no estaba contenido, se hace carne, hueso, cabello, tejidos particulares y delicados, uñas, sudor, lágrimas. No se junta ni con la corrupción ni con la muerte; cuando cesa la vida, se descompone; si se lograra avivarla, o rehacerla por medio de una nueva imantación de sus glóbulos, la vida empezaría de nuevo. La substancia universal con su doble movimiento, es el gran arcano del ser: la sangre, es el gran arcano de la vida.

Por esa razón, todos los misterios religiosos son también misterios de la sangre; no hay cultos sin sacrificios, y el sacrificio no sangriento no podría existir sino como transubstanciación de verdadera sangre, siempre humeante, clamando siempre, por su virtud divinamente expiatoria, sobre el altar como sobre el Calvario. Los dioses de la antigüedad gustaban de la sangre, y los demonios tenían sed de ella. Es lo que había hecho pensar al conde José de Maistre que el suplicio suplicaba, que el patíbulo era un suplemento del altar, y que el verdugo era un asesor del sacerdote.

Es del vapor de la sangre, dice Paracelso, que la imaginación saca todos los fantasmas que engendra. Las visiones son el delirio de la sangre; es el agente secreto de las simpatías, propaga la alucinación como un sutil virus; cuando se evapora, su *serum* se dilata, sus glóbulos se hinchan, se deforman y dan cuerpo a las más extrañas fantasías; cuando sube al cerebro exaltado de San Antonio o de Santa Teresa, realiza, para ellos, quimeras más extrañas que las de Callot, de Salvador o de Goya. Nadie inventaría los monstruos que su sobreexcitación hace brotar; es el poeta de los sueños; es el gran hierofante del delirio.

Por eso, en la antigüedad y en la Edad Media, se evocaba a los muertos con derramamiento de sangre. Se cavaba un foso, se vertía en el vino perfumes embriagadores y la sangre de una oveja negra; las horribles brujas de la Tesalia le agregaban la sangre de un niño. Los hierofantes de Baal o de Nisroch, durante una exaltación furiosa, se hacían incisiones en todo el cuerpo y pedían apariciones y milagros a los vapores de su propia sangre. Entonces, todo principiaba a arremolinarse ante sus ojos extraviados y enfermos; la luna adquiría el color de la sangre derramada, y creían verla caer del cielo; salían de la tierra cosas horribles e informes; se formaban larvas y lemures, cabezas pálidas y sórdidas como mortajas viejas, barbudas, con el moho de la tumba, venían a inclinarse sobre el foso y estiraban su lengua seca para beber la sangre derramada. El mágico, debilitado y herido blandía contra ellas su espada, hasta que apareciera la forma esperada y el oráculo. Era ordinariamente el último sueño del agotamiento, el paroxismo de la demencia; era entonces cuando el mágico caía a menudo como fulminado, si estaba solo y no se le prestaba prontamente ayuda alguna; si un poderoso cordial no le devolvía la vida, se le encontraba muerto al día siguiente, y se decía que los espíritus se habían vengado.

Lo misterios del mundo antiguo eran de dos clases. Los pequeños misterios atañían a la iniciación, al sacerdocio; los mayores eran la iniciación a la gran obra sacerdotal, es decir a la teurgia; la *teurgia*, palabra terrible para el doble sentido, que quiere decir *creación de Dios*. Sí, en la teurgia, se enseñaba al sacerdote como debe crear los dioses a su imagen y semejanza, sacándolos de su propia carne y animándolos con su propia sangre. Era la ciencia de las evo-

caciones por medio de la espada y la teoría de los fantasmas
sanguinolentos. Era cuando el iniciado debía matar al iniciador; cuando Edipo se convertía en rey de Tebas dando
muerte a Laius. Trataremos de explicar estas oscuras expresiones alegóricas. Lo que desde luego se puede colegir.
es que no había iniciación a los misterios mayores sin derramamiento de sangre; más aún, sin derramamiento de la
sangre más noble y más pura. Era en la cripta de los grandes misterios que Ninyas tuvo que vengar sobre su propia
madre el asesinato de Ninus. Los furores y los espectros de
Orestes fueron obra de la teurgia. Los grandes misterios
eran la santa vehme de la antigüedad, en los cuales los jueces francos del sacerdocio amasaban nuevos dioses con la
ceniza de los antiguos reyes desleída en la sangre de los
usurpadores o de los asesinos. ¿Eran, pues, ellos mismos
asesinos o por lo menos verdugos? No, pues, el derecho al
sacrificio les correspondía de derecho por el consenso universal de las naciones. El sacerdote no asesina, no ejecu-
ta, sacrifica; y es por eso que Moisés, conocedor del dogma
de. los grandes misterios, escogía como tribu sacerdotal la
que mejor había sabido, según la expresión misma de la Biblia, consagrar sus manos en la sangre. No eran únicamente Baal y Nisroch que pedían entonces víctimas humanas;
el Dios de los judíos tenía sed de la sangre de los reyes, y
Josué le ofrecía hecatombes de monarcas vencidos. Jefté sa-
crificaba a su hija; Samuel cortaba en pedazos al rey Agag
sobre la piedra sagrada de Galgal. Moisés, como los antiguos iniciadores a los grandes misterios, habría ido con su
sucesor Josué a las cavernas del monte Nebo, y Josué habría vuelto solo. Jamás se encontró el cadáver, pues en los
grandes misterios, se conocía el secreto del fuego devorador.
Nadab y Abiu, Core, Datan y Abiran hicieron una triste
experiencia de ello. Cuando Saúl fué rechazado por Dios,

es decir, condenado como usurpador del sacerdocio y profanador de los misterios, fué el juguete de las alucinaciones, pues los grandes hierofantes conocían el secreto de los fantasmas. Fué entonces cuando Achitofel le aconsejó que exterminaran a todos los sacerdotes, como si fuera posible matarlos a todos. La sangre de los sacrificadores es una semilla de nuevos sacrificios. Se hace el 2 de Setiembre y se justifica la San Bartolomé, se cree castigar a Torquemada y se prepara las obras justicieras de Trestaillon. El sacerdote que acompaña a Luis XVI al cadalso y que le dice con la autoridad suprema del pontífice: "¡Hijo de San Luis, subid al cielo!" parece efectuar sólo, con la Convención como ministro subalterno, el gran sacrificio de la revolución. La víctima misma, al caer revela y consagra al sacerdote. Te impondré un signo, dice Adonay a Caín, para que sea inviolable y para que nadie se atreva, a poner la mano sobre ti. Abel fué la primera víctima, Caín fué el primer sacerdote del mundo.

Sin embargo, Abel había ejercitado antes que Caín una especie de sacerdocio; fue el primero en derramar la sangre de las criaturas de Dios. Ofrecía al Señor, dice la Biblia, las primicias de su rebaño. Caín, al contrario, ofrecía solamente frutas a Dios. Dios rechazó las frutas y prefirió la sangre, pero no hizo que Abel fuera inviolable, porque la sangre de los animales es la figura más bien que la realización del verdadero sacrificio. Fué entonces cuando el ambicioso Caín consagró sus manos en la sangre de Abel; después edificó ciudades e instauró reyes, pues, se había consagrado soberano pontífice. Si más tarde Judas Iscariote se hubiera arrepentido en lugar de suicidarse, habría hecho una ruda competencia a San Pedro. En efecto, San Pedro era, después de Judas el apóstol más sanguinario.

Jesús, único iniciador que no ha muerto a nadie. muere

para abolir los sacrificios sangrientos. Por eso es más grande
que todos los pontífices; y ¿qué sería, pues, si no fuera Dios?
Se hizo Dios sobre el Calvario, pero al renegar de él y ven-
derlo, sus discípulos se han convertido en sacerdotes y han
continuado el antiguo mundo, que durará mientras el
sacerdote tenga que vivir del altar, es decir, comer la carne
de las víctimas.

Hay supuestos sabios que dicen que el cristianismo expira y que el mundo de Jesu-Cristo se va. Es el antiguo
mundo que expira, la idolatría que se va. El Evangelio ha
sido solamente anunciado; no ha reinado sobre la tierra. La
catolicidad, es decir la universalidad de una sola religión,
es todavía un principio, considerado como utópico por muchas gentes. Pero los principios no son utopías; son más
fuertes que los pueblos y los reyes, más duraderos que los
imperios, más estables que los mundos. El cielo y la tierra
pueden pasar, ha dicho Cristo, pero mis palabras no pasarán.

Leemos en los hechos de los apóstoles que San Pedro
tuvo una visión: Veía una extensa nave cubierta de animales puros e impuros, y una voz le decía: Matad y comed!
Así se reveló por primera vez el misterio del poder temporal del papado. Desde entonces, los soberanos pontífices han
creído poder matar para comer. Jesu-Cristo ayunaba y no
mataba; y aun dijo a Pedro: Mete tu espada en su vaina,
que el que pega con la espada, perecerá con la espada. Pero eran palabras que no podían ser comprendidas antes del
advenimiento del espíritu de inteligencia y de amor, el cual,
como se ve, no ha establecido todavía su reinado en este
mundo.

Los soberanos pontífices de los antiguos cultos eran
todos sacrificadores de hombres, y todos los dioses del sacerdocio han gustado de la carne y de la sangre. Moloch

no difería de Jehová sino por carecer de ortodojia; y el Dios
de Jefté tenía misterios parecidos a los de Belus. Los mon-
jes de la Edad Media se sangraban periódicamente, como
los sacerdotes de Baal; pues la continencia perpetua, divinidad estéril, es un ídolo que pide sangre. La fuerza vital
que se quiere sustraer a la naturaleza debe derramarse sobre el altar de la muerte. Hemos dicho que la sangre es
la madre de los fantasmas, y es mediante fantasmas de la
sangre que los sacerdotes de Babel y de Argos extraviaron la razón de Ninyas y de Orestes. Semíramis y Clyte-
mestres fueron consagradas a los dioses infernales, y sus
leyendas se parecen de tal modo que parecen calcadas la
una en la otra. Ninus era el rey de los sacerdotes; Semíramis quiso ser la reina de los pueblos, y mediante un crimen
se apoderó de la corona de Ninus. El mundo no tenía entonces un tribunal que pudiera juzgarla, se había impuesto con
grandes obras. Sembraba el mundo de maravillas. Cuando
sus envidiosos sublevaban las multitudes contra ella, llegaba sola y las sediciones se apaciguaban. Pero había tenido
un hijo que los sacerdotes guardaban como rehen. Ninyas
era iniciado a los grandes misterios y había jurado vengar la muerte de Ninus, del cual no conocía al asesino. Semíramis por su lado, estaba atormentada por fantasmas y
remordimientos. En ella, la mujer aventajaba secretamente a
la reina y, muchas veces, bajaba sola a la necrópolis para
llorar y enternecerse sobre las cenizas de Ninus. Es allí
donde encontró a Ninyas aconsejado por los hierofantes. El
espectro del rey asesinado se alzó entre el hijo y la madre;
Semíramis estaba velada y el fantasma le ordenó que pe-
gara... El joven se adelantó, Semíramis lanzó un grito y
levantó su velo; había reconocido a Ninyas:: "No, ya no
eres Ninyas, —dijo el expectro—, eres yo mismo, eres Ninus que ha salido de la tumba"; y pareció absorber al jo-

ven y confundirse con él de tal manera, que la reina no
vió ante ella sino el espectro de Ninus, pálido y con la espada sagrada en la mano. Retiró entonces su velo, y presentó su seno como más tarde debía hacerlo Agripina.
Cuando Ninyas volvió en sí, estaba bañado en la sangre de
su madre. ¿La he muerto yo?, exclamó enajenado. No, contestó Semíramis abrazándolo por última vez, somos dos víctimas, tú no eres el sacrificador, muero asesinada por el
Sumo Pontífice de Belus!

Tales fueron los sacerdotes de Babilonia, tales fueron
los de Micenas y de Argos. Calchas, pide la sangre de Ifi-
genia; Clytemnestres maldice a los sacerdotes y venga a su
hija con el asesinato de Agamemnon; Orestes, inducido por
los oráculos, mata a su madre, y va a buscar hasta el fondo
de la Chersonesa Táurica al ídolo sangriento de la Diana
vengadora. No debemos asombrarnos de estos atentados
contra la familia, ya que siglos más tarde y en pleno cristianismo vemos un sacerdote romano, el terrible Jerónimo,
escribir a su discípulo Eliodoro: "Si tu padre se acuesta sobre el umbral de la puerta, si tu madre descubre a tu vista el
seno que te crió, holla a los pies el cuerpo de tu padre, pi-
sotea el seno de tu madre, y con los ojos secos, acude al
llamado del Señor".

Tales son los sacrificios de la carne y de la sangre que
la gran obra de la teurgia lleva a cabo. El Dios por el cual
se ha pisoteado el seno de la madre, debe, en adelante, ver-
se con el infierno debajo de los pies y con la espada exter-
minadora en la mano. Perseguirá al asceta como un remordimiento, e irá a saborear en la soledad los terrores del
infierno y la desesperación del pensamiento. Moloch que-
maba a los niños sólo durante algunos segundos; correspon-
dió a los discípulos del Dios que murió para rescatar al
mundo, el crear un Moloch nuevo cuya hoguera es eterna.

Mr. Renan, del cual no quisiéramos haber escrito, estampó en su malhadada obra una sola frase buena que borra, para nosotros, muchos de sus defectos. Es la siguiente: "Nadie fué menos sacerdote que Jesús".

Hay que distinguir, sin embargo, que se trata del sacerdote de la antigüedad, del que, desgraciadamente, aun quedan ejemplares en los tiempos modernos. San Jerónimo, sin saberlo, era un hierofante de los grandes misterios. En cambio, San Vicente de Paúl es el tipo del nuevo sacerdote, del verdadero sacerdote cristiano; es la perpétua encarnación de Jesús Cristo.

La Iglesia tiene horror a la sangre. En esa imborrable máxima se resume todo el espíritu del cristianismo.

La Iglesia tiene horror a la sangre y aleja de su seno a todos aquellos que gustan derramarla. El sacerdote cristiano no puede ejercer la función de acusador público o de juez, sin caer en irregularidad e incapacidad de ejercer los santos oficios. Así pues, los inquisidores homicidas no eran sacerdotes cristianos, eran sacrificadores del antiguo mundo que deshonraban al cristianismo. Un papa no puede condenar a muerte. El buen pastor da su vida por sus ovejas, no sabría degollarlas. Un papa no podría hacer la guerra. Cuando Julio II hacía de soldado, no obraba como papa, era todavía un tiranuelo del Bajo Imperio. El buen Pío IX, quien según dicen tenía visiones, debe ser perseguido por los espectros de Perouse y de Castelfidardo; y en tal caso debe cobrar horror a sus propias manos, ya que es el jefe supremo de la Iglesia, y la Iglesia tiene horror a la sangre.

Sacrificar a los otros para sí, he ahí el antiguo mundo de Júpiter y de Saturno, el mundo de los Césares, y de los augures. Santificarse para los otros, he aquí el mundo nuevo, el mundo de Cristo, el mundo del porvenir. Matar para vivir era la gran fatalidad de esos antiguos misterios.

Morir para que los otros vivan, he aquí el derecho divino y la libertad de la iniciación humana, el triunfo de la razón. La divinidad y la humanidad se han unido estrechamente en Jesucristo, y por tanto quien pega a la una hiere a la otra. Jueces de la tierra, tened cuidado: Cada hombre, en adelante pertenece a Cristo, quien ha pagado con su sangre inocente la totalidad de faltas de la humanidad culpable. Cada culpable es llamado al arrepentimiento, y cualquier hombre que pueda aún arrepentirse debe ser sagrado como Caín. ¿Sabéis por qué Dios conservaba con tanto cuidado la sangre de Caín? Es porque cada gota de esta sangre equivalía a otra de la sangre del redentor; y para que el rescate fuera eficaz, no debía perderse una sola parcela de la cosa rescatable.

La sangre de Abel clamaba a Dios, dice la Biblia. ¿Quién pues, podría hacerla callar? Para acallar esta voz se necesitaba otra voz más potente, la de la sangre de Jesucristo. La sangre de Abel pedía justicia. Abel era ttan sólo un hombre; solamente la sangre de Jesucristo tenía la fuerza suficiente para gritar que la justicia, para Dios, es el perdón.

¿Quién habría podido decir lo mismo? Sólo Jesucristo lo sabía para decirlo al mundo; y lo sabía porque era Dios.

Por eso, sólo él podía abolir el sacerdocio de la sangre e instituir el sacerdocio del sacrificio voluntario. Es lo que hizo, lo que los mártires han comprendido, lo que los santos como Vicente de Paula han tratado, aunque difícilmente, de establecer sobre la tierra. ¿Os atreveréis a decir que el cristianismo se acabó? ¿Os pregunto, si acaso no ha venido a este mundo como una palabra incomprensible y prodigio discutido? ¿Os pregunto si la sangre de Abel ha dejado de correr, y si el sacerdocio ha cesado definitivamente de estar entre las manos de los hijos de Caín?

Se cuenta que cada año en Nápoles, la sangre del mártir Gennaro se licúa y hierve; se dice que en varios lugares de Francia el vino de los Cálices se ha trocado en sangre, y que las hostias consagradas han enrojecido con un sudor semejante al de la agonía de los Olivos. Es que los mártires son solidarios unos de otros, y la sangre no expiada protesta contra la efusión de sangre nueva. La sangre de San Gennaro protesta contra la inquisición que vive todavía en los desgraciados cerebros de Gaume y de Veuillot. El vino de la Eucaristía se convierte en sangre, para impedir que los sacerdotes indignos lo liben; y por lo mismo las hostias se cubren de los colores del homicidio, como si Cristo renunciara a la transubstanciación y se convirtiera en cadáver.

Cuando Cristo se convierte en cadáver, es porque se prepara para resucitar; creemos pues que la resurrección del cristianismo se aproxima; aunque no es esto lo que tenemos que probar aquí. Volvamos a nuestro objetivo, sólo dejando constancia que el reino de los dioses sanguinarios ha terminado. No derramemos pues más sangre, no la agitemos, ni para hacer dioses de ella. Dejemos en paz a los muertos, que los oráculos de la sangre vertida son hermanos de los oráculos de la tumba. La mesa gira porque la sangre se agita; dejad que se aquiete la sangre y los supuestos espíritus callarán.

Sí, espiritistas: los espíritus que hablan por medio de las mesas son los espíritus de vuestra sangre. Os consumís para animar la madera, como esos sacerdotes que creían dar alma a sus ídolos embadurnándolos con sangre recientemente derramada. Lo que hacéis, se hacía antes del advenimiento de Jesucristo; se ha hecho y tal vez se hace todavía en la India; se hace, sobre todo, entre los salvajes, cuyos juglares rodean de cabelleras sangrientas el altar de sus manitus que conjuran y hacen hablar. El magnetismo es la proyección de los espíritus de la sangre, y *se magnetiza los muebles empobreciendo el cerebro y el corazón.*

Capítulo VI

LOS ULTIMOS INICIADOS DEL MUNDO ANTIGUO. APOLONIO DE TIANA, MAXI- DE EFESO Y JULIANO. - LOS PAGANOS DE LA REVOLUCION. - UN HIEROFANTE DE CERES EN EL SIGLO DIEZ Y OCHO

EL sacrificio de sí mismo para los otros es tan insensato en apariencia, pero tan sublime en realidad, que el antagonismo que allí se encuentra entre la razón egoísta y el entusiasmo de la abnegación, justifica ampliamente el *Credo quia absurdum* del paradojal Tertuliano. La fé, como la antigua Minerva, nació completamente armada y apareció como triunfadora. La naturaleza misma, la santa e inmortal naturaleza, al parecer fué vencida por un momento, porque estaba superada. El día en que un hombre murió voluntariamente para salvar a los otros, lo sobrenatural quedó probado.

Entonces, los sabios de este mundo y los razonadores se asombraron; buscaron en el Evangelio el secreto del poder del cristianismo y no lo hallaron. Vieron tan sólo una compilación mística de parábolas judías y de alegorías egipcias, resolvieron oponer un libro a ese libro y un hombre a Jesucristo; por eso que fué escrita la vida de Apolonio de Tiana. Este momumento contemporáneo de los Evangelios no ha sido estudiado bastante; allí se encuentran historias y símbolos; la fábula codea a la verdad, pero esta fábula es siempre una doctrina presentada bajo el velo de la alegoría. El viaje de Apolonio a la India, y su visita al rey Hiarchas en el país de los sabios, figura el dogma de Hermes por en-

tero y contiene todos los signos convencionales, todo el secreto de los antiguos santuarios, es decir la gran obra de
la ciencia y de la naturaleza. Los dragones de la montaña
son los metaloides igneos que contienen el mercurio filosófico; el pozo donde se encuentran los depósitos de la lluvia y
del viento, es la cueva donde fermenta el fuego electromag-
nético alimentado por el aire y avivado por el agua. Parecidos son los demás símbolos. El rey Hiarchas se parece, al
punto de equivocarse, al fabuloso Hiram, a quien Salomón
pedía los cedros del Líbano y el oro de Ofir. Observaréis
que Jesús no pide nada a los reyes de su época, y que cuando Herodes lo interroga, no se digna contestarle.

Apolonio es sobrio; es casto como Jesús y como él lleva una vida errante y austera. La diferencia esencial entre
ellos, es que Apolonio favorece las supersticiones y que Jesús las destruye; Apolonio induce al derramamiento de la sangre y Jesús maldice las obras de la espada. Una ciudad es
presa de la peste; llega Apolonio y el pueblo que lo consi-de-
ra como un taumaturgo se apiña alrededor de él y le urge a
que haga cesar el azote. La peste os aflige? ahí está, exclama el falso profeta, señalando a un viejo limosnero. Lapi-
dad a ese hombre y cesará la epidemia. Se sabe de lo que
es capaz una multitud furiosa de superstición y de miedo.
El anciano desaparece bajo un montón de piedras. Filis-
trates agrega que cuando se despejó el lugar del homicidio,
se encontró solamente el cadáver de un gran perro negro.
Aquí, lo absurdo no alcanza a justificar la atrocidad. Jesús
no hacía lapidar a nadie, ni siquiera a la mujer adúltera; no
descargaba los azotes sobre la cabeza del pobre Lázaro que
el rico malo echaba del umbral de su puerta, y del cual los
perros tenían lástima. Como remedio a la miseria, peste de
los dichosos, daba el paraíso y no el último suplicio. En eso

Apolonio es tan sólo un miserable brujo, y Jesús el hijo de Dios.

Apolonio tenía visiones; asiste en espíritu al asesinato del tirano de Roma y prorrumpe en gritos de alegría: "Valor! dice él dirigiéndose a los asesinos, pegad, inmolad a ese monstruo!" Jesús, en cambio no tiene una palabra de maldición para Herodes y Pilatos; ora también por ellos, al mismo tiempo, que para sus verdugos, con las palabras sublimes: "Padre, perdónales, pues no saben lo que hacen!"

El genio de Apolonio es una brillante locura que se subleva y que protesta; el de Jesús es una razón modesta que acepta y se somete.

Parecía que el antiguo mundo hubiera dicho su última palabra con Apolonio, pero la Providencia, que es una generosa jugadora, le dió todavía a Juliano, para que una vez más tomara su revancha. Juliano era un filósofo como Apolonio y un emperador como Marco Aurelio. Pero era también un sofista al estilo de Libanius y tenía plena confianza en charlatanes como Jámblico y Máximo de Efeso. Jamás este espíritu rígido y amanerado había podido comprender los dulces misterios del pesebre. Juliano no amaba a las mujeres y no tenía hijos; era casto, no por sacrificio sino por desprecio del placer; su rudeza filosófica llegaba al punto de hacerle descuidar los más elementales cuidados de limpieza. Confiesa en el *Misopogon*, que su cabellera y su barba estaban hirviendo de los más sórdidos insectos, y casi hasta se vanagloriaba de ello. Aquí, el César *pediculosus* se vuelve verdaderamente grotesco. ¡Oh, que hermosa barba de macho cabrío! ¡Oh, cuán mal peinado está el barbudo, cantaban los habitantes de Antioquía. Juliano cree contestar echando en cara a los cantores su molicie y su libertinaje, como si los vicios de estos pudieran autorizar la mugre de aquél. Este héroe mugriento, quien, a pesar suyo había reci-

bido del cristianismo un imborrable tinte de filantropía, era,
en cuanto a religión, aficionado a los sacrificios y a la sangre.
¡Qué victimario era este filósofo! ¡Y qué carnicero, este ex-
celso príncipe! decían los precursores de Pasquino. Se le
veía siempre con los vestidos arremangados y las manos llenas de entrañas humeantes. Ya había pasado la época en
que los príncipes griegos cantados por Homero, degollaban
y desmenuzaban personalmente las víctimas. Pero Juliano
no comprendía ni su época ni la dignidad de su rango. Nerón pudo haber sido histrión, porque, según la hermosa expresión de Tácito, el terror le daba razón del desprecio; pero Juliano, demasiado bueno para hacerse temer, demasiado
desagradable para hacerse amar, no podía evitar el ridículo
al ejercer las repugnantes funciones de los sacrificadores antiguos. Por fin se le sacrificó a él mismo, y el mundo cristiano aplaudió.

Se asegura que después de su muerte, se abrieron las
puertas de un pequeño templo que había hecho amurallar
antes de emprender su expedición de Persia, y que allí se
encontró el cadáver de una mujer desnuda colgada por los
cabellos y con el vientre abierto. ¿Es ésto una invención del
odio o la revelación de un misterio? ¿Era esa mujer una
mártir o una víctima voluntaria? Aceptamos lo último. Tal
vez una joven fanática que quiso oponer su sacrificio al de
Cristo, por la prosperidad del reinado de Juliano y el regreso de los antiguos dioses. El emperador habría cerrado
los ojos y sólo el gran pontífice asistido al holocausto. El
templo amurallado, la víctima sangrienta suspendida entre
el cielo y la tierra como una oración palpitante, se asemeja
a una parodia de la crucifixión. Se sabe que en una época muy cercana, algunas jóvenes se hacían crucificar por el
triunfo de la protestación jansenista, y si se piensa en los
ritos bárbaros que deshonraban la religión de Juliano, no se

rechazará de inmediato, como una calumnia póstuma, la historia de la mujer sangrante y del templo amurallado. Juliano había sido iniciado a los antiguos misterios por Máximo de Efeso, y creía en la virtud todo poderosa de la sangre.

Era en efecto, mediante un bautismo de sangre, que Máximo de Efeso lo había consagrado a los antiguos dioses. Juliano fué introducido en la cripta del templo de Diana medio desnudo y con la vista vendada. Máximo le entregó un cuchillo y una voz misteriosa le ordenó asestar el golpe a una figura humana pálida que se le dejó entrever solamente; se colocó otra vez la venda sobre los ojos del neófito, y guiando la mano de Juliano se le hizo tocar la carne caliente y viva; allí sumió la espada sagrada; después obligado a prosternarse ante la fuente que acababa de abrir, una aspersión caliente y nauseabunda le hizo estremecer, pero guardó silencio y recibió hasta el fin la consagración de la sangre vertida. Por esta sangre, decía Máximo, te limpio de la mácula del bautismo: eres hijo de Mitra y has sumido la espada en el flanco del toro sagrado; que la ablución del tauróbolo te purifique! ¿Acababa Juliano de sacrificar a un hombre? ¿Había inmolado solamente un toro? El debía ignorarlo; pero no podríamos dudar que estos ritos han sido los de los antiguos misterios, ya que encontramos referencias de ellos en las tradiciones del iluminismo y en los antiguos rituales de la Masonería, heredera, como lo saben los eruditos en la materia, de los dogmas y ceremonias de la antigua iniciación.

Según la costumbre de los historiadores antiguos, Amnio Marcelino ha compuesto una hermosa arenga que pone en boca de Juliano moribundo; como si un hombre con el hígado atravesado por un dardo pudiera pensar en hacer arengas. Preferimos creer en la tradición cristiana antes que en la historia sofisticada. Después que se sacó la azagaya de tres filos de la herida de Juliano, cuando su sangre corría a raudales y se sentía desfallecer, llenó sus dos manos con la sangre que perdía y las elevó al cielo profiriendo estas misteriosas palabras: "¡Has vencido Galileo!" Tales palabras se las ha considerado como una blasfemia. ¿No sería más bien una tardía retractación? El iniciado al tauróbolo comprendía, demasiado tarde, que el sacrificio de sí mismo supera al sacrificio de los otros. Sentía que al dar su propia sangre para los hombres, Cristo ha abrogado para siempre los sangrientos sacrificios del antiguo mundo. El soberano pontífice de Júpiter renunciaba a su ministerio al ofrecer a su turno su propia sangre en vez de la de los machos cabríos y toros. Parecía decir: ¡tú, a quien por desprecio llamaba Galileo, eres más grande que yo y me has vencido! ¡Toma, aquí tienes mi sangre que te la ofrezco como tú diste la tuya. Muero y reconozco que eres mi maestro! ¡Has vencido Galileo!

Las manos del desgraciado emperador, debilitándose, dejaron caer la sangre en su cabeza, y se creyó que había querido lanzarla contra el cielo. Tal vez se purificó así de las mancillas del tauróbolo y renovó las huellas del bautismo.

Su arrepentimiento no fué apreciado y quedó el anatema sobre su memoria. Pero había sido bueno y justo, y Dios no deja perecer para siempre a los que han querido y buscado el bien aun en medio de las sombras del error.

Dando fe a los fantasmas evocados por Máximo de Efeso, Juliano había creído en la existencia real de sus dioses, y estos fantasmas eran alucinaciones de la sangre. Se asegura que Juliano debilitado por ayunos previos y tibio aun de su bautismo de sangre, vió pasar ante él todas las divinidades del antiguo Olimpo. Las vió no tales como los poetas de la antigüedad las representaban, sino tales como existían entonces en la imaginación, desencantada de las multitudes, viejas, decrépitas, miserables, abandonadas. Ya no eran las grandes divinidades de Homero; eran los dioses grotescos de Luciano, puesto que los pretendidos espíritus que se evocan no son más que espejismos o reflejos de una imaginación colectiva. Y el espiritismo visionario, es la fotografía de los sueños.

Las fotografías mentales son más durables que las fotografías solares, pues si las primeras se borran, se pueden renovar siempre, volviendo el espíritu a las mismas aberraciones.

Hemos visto en el 93 a los últimos iniciados a los antiguos grandes misterios, a los filántropos de la escuela de Juliano, perseguir a través de una nube de sangre el fantasma de la libertad. Hemos visto, por decirlo así, brotar de la tumba Brutos grotescos y Publícolas sórdidos, que juraban por la santa guillotina invocando a los dioses. Saint-Just soñaba con un mundo gobernado por ancianos labradores y virtuosos decorados con una faja blanca. Robespierre se ungió gran pontífice, y conforme con la ley sangrienta de los antiguos misterios, debía caer bajo el cuchillo de los que había iniciado; todos estos filósofos y apóstatas como Juliano, murieron como él desesperando del porvenir; pero menos generosos que él, o tal vez menos sinceros, perecieron sin presentar la ofrenda de su propia sangre al cielo y sin confesar que, una vez más, el Galileo había vencido.

He aquí el producto de los sueños, he aquí lo que resulta de la evocación de los muertos. Si se hubiera dejado dormir en su tumba a los Brutos y los Casios; si los espectros del Aerópago y del foro no hubieran resucitado en el cerebro excitado de estos hombres, cuya razón estaba tan bien representada por una mujer disoluta, no se habría echado tantos miles de hijos de la Francia en la boca devoradora del Moloch revolucionario. Pero las larvas que llegan de ultra - tumba son siempre frías y sedientas; los fantasmas piden sangre, y cuando las cabezas se desorganizan al punto de engendrar visiones, las manos están prontas para cometer crímenes.

¡Dadme flechas!, exclamaba Quantius Aucler, para que un pobre hierofante de Ceres defienda la naturaleza ultrajada! Se trataba de matar sacerdotes, pero nuestro hombre, que se había vuelto loco con la alucinación revolucionaria, quería matarlos con flechas, para dar al suplicio un parecido antiguo. Este Quantius Aucler, que se decía hierofante de Ceres, ha dejado un libro curioso, titulado la "Treicie", donde aboga seriamente porque se restablezca el culto de Júpiter, ya que no se contentaban con el reinado de Saturno. Pero la revolución no quiso adorar ni a Saturno ni a Júpiter. Ella misma fué Saturno, y conforme con la sombría profecía de Vergniaud, devoró a todos sus hijos.

Capítulo VII

LOS ESPIRITUS EN LA EDAD MEDIA. - EL DIABLO DESEMPEÑA SIEMPRE EL PAPEL PRINCIPAL EN LA COMEDIA DE LOS PRODIGIOS. EL ARZOBISPO UDON DE MAGDEBURG. - EL DIABLO RAYMOND. - LOS VAMPIROS. - LAS CASAS ENCANTADAS.

Mientras dura esta infancia de la razón moderna que se llama Edad Media, las fuerzas secretas de la naturaleza, los fenómenos del magnetismo, las alucinaciones sobre todo, de las cuales los clautros son el inagotable semillero, hacen creer en la influencia casi permanente de los espíritus. Los fantasmas aéreos que la imaginación produce y persigue en las nubes se convierten en silfos; los vapores del agua en ondinas; los vértigos del fuego, en salamandras; las emanaciones embriagadoras de la tierra son gnomos y los duendes bailan con las hadas a la claridad de la luna. El aquelarre reina. La razón dormita, la crítica está ausente, la ciencia muda. Abailard expía cruelmente sus homenajes prematuros a la inteligencia y al amor. Los muertos se agitan, las tumbas hablan; sin que se sospeche que se han inhumado vivos. Solo el Evangelio brilla en medio de estas profundas tinieblas, tal una lámpara siempre prendida en la iglesia llena de terrores y de misterios. Pues bien, el Evangelio declara que los muertos no pueden y no deben volver jamás; que el orden de la Providencia se opone a ello. He aquí el texto, que no hay temor de repetirlo demasiado, para oponerlo a los ensueños de los espiritistas; se encuentra al fin del décimo sexto capítulo de San Lucas:

"Según el orden de las cosas, entre vosotros y nosotros se afirmó el gran caos, de suerte que, desde aquí, *no se puede ir hacia vosotros* y que de allá donde estais, *no se puede venir aquí*".

(Es Abraham, hablando al rico malo).

El rico malo contesta: "Te ruego, padre, que mandes a Lázaro a casa de mi padre, pues tengo cinco hermanos y Lázaro les advertirá para que, a su turno, no vengan a este lugar de tormento" — Y Abraham le dijo: "Tienen a Moisés y a los profetas, que los escuchen". — Y el otro replica: "No, padre Abraham, que algún muerto vaya a visitarlos, harán penitencia". Abraham contesta: "Si no escuchan ni a Moisés ni a los profetas, no escucharán tampoco a un muerto que haya resucitado".

Este pasaje es sumamente interesante, contiene una revelación completa sobre el orden eterno e inmutable del destino del hombre. Allí vemos que la fuerza de la natura-

leza empuja la vida adelante y cierra las puertas tras de
ella, para que jamás retroceda. Los escalones de la escala
santa se afirman bajo los pies de los que suben, y *ya no
pueden*, ¿entendéis bien?, *no pueden* bajar para regresar.
Notemos también que Abraham admite solamente la posibilidad de la vuelta de Lázaro sobre la tierra por medio de
la resurrección y no de la obsesión espiritista. Pues, según
uno de los grandes dogmas de la cábala, el espíritu se desnuda para subir; así como precisa vestirse para bajar. Para
que un espíritu ya libre se manifieste solo hay un medio posible: que vuelva a tomar su cuerpo y resucite. Lo cual no
es lo mismo que encajarse en una mesa o en un sombrero.

Por eso la *necromancia* es horrible, pues constituye un
crimen contra la naturaleza. ¿No es temeridad del necro-
mántico pretender sacudir la escala santa para hacer caer
a los espíritus que ascienden? Eso es imposible, y el sacrílego evocador será presa de sus propios vértigos. Por tal
razón, dijeron los teólogos de la Edad Media que los muertos quedan irrevocablemente donde la justicia de Dios los
ha enviado, que solo el demonio responde al llamado de los
mágicos, tomando la forma de los difuntos para extraviar la
conciencia humana y hacerle creer que pueden perturbar
a voluntad el imperio de las almas y de Dios.

Esto es como decir, en términos alegóricos, precisa-
mente lo mismo que expresamos en el lenguaje de la razón
y de la ciencia. El demonio, es la locura, el vértigo, el error;
es la personificación de todo lo falso e insensato. Aquí alar-
gamos a Mr. de Mirville la mano que no tomará seguramente. Dejémosle su diablo de cartón que hace brotar de sus
libros como de un juguete de sorpresa, pues Mr. de Mirville es un niño.

Insistimos aquí sobre la autoridad del Evangelio y de
los teólogos, porque se trata de cosas que son exclusiva-

mente del dominio de la fe. La ciencia no admite lo que no se pueda demostrar; pues bien, la ciencia no podría demostrar la continuación de la vida humana después de la muerte. Luego no admite los espíritus, y el título de nuestro libro, "La Ciencia de los Espíritus", sería una paradoja si no significara ciencia de las hipótesis relativas a los espíritus.

La ciencia es meramente humana, y la fe no podría razonablemente, afirmar que es divina, si tan solo es colectiva. Y esa colectividad es la que da a las creencias el nombre de religión, es decir lazo moral que une a los hombres entre sí.

La ciencia no puede negar que los hombres necesitan religión, ni tampoco el fenómeno de las grandes asociaciones religiosas. Estando la religión dentro de la naturaleza del hombre, pertenece a la ciencia que estudia al hombre; pero esta ciencia debe limitarse a constatar el fenómeno de la fe sin dejarse influenciar por él.

Una creencia aislada no merece el nombre de fé, pues fé significa confianza; desconfiar de toda autoridad social y tener solamente confianza en si mismo, es locura. El católico cree en la Iglesia, porque para él, la Iglesia representa la selección de los creyentes. Esto solo justifica la fé del carbonero. Pero el carbonero debe creer no solo en la religión sino también en la ciencia. ¿Negará o impugnará al genio de Newton por que no comprende sus teoremas? Yo no siendo experto en pintura, me atendría con gusto al dictamen de Ingres, de Pablo Delaroche, de Gigoux, y estos grandes artistas, que tal vez no son expertos en teología, en exégesis, en cábala, no serían razonables si no se atuvieran al dictamen de los que han hecho un estudio especial de estas altas ciencias. Posiblemente no comprenda bien lo que puedan decirme sobre los arcanos de la pintura. ¿Por qué, entonces habrían de disgustarse si mis libros no son perfectamente claros para ellos? Me basta con que hombres de ciencia especial y de criterio los comprendan, y me parece razonable atenerse a su criterio.

Tal es el fundamento de la fé. Es la confianza de los que no saben; y como la fórmula de las creencias debe sacar de la ciencia la base de sus hipótesis, no pudiendo uno creer razonablemente en lo que la ciencia demuestra ser falso, es necesario que la ciencia admita siquiera la posibilidad de las hipótesis, y como las hipótesis de la fé son las que la ciencia confiesa no poder nunca transformar en axiomas o en teoremas, resulta que, tocante a la fé, la autoridad es necesaria ante todo, autoridad que debe ser colectiva, jerárquica y universal, o en otros términos, católica, en su verdadero sentido de universalidad. Es lo que teníamos que probar.

En la Edad Media la fé era ciega, porque no admitía la crítica ni se apoyaba en la ciencia que hace falta. Por eso el razonamiento era apocado y los ensueños abundan. La medicina, por ejemplo, no se atreve a ocuparse del alma, siendo que al alma se atribuye la debilidad del cerebro. Los alucinados eran inspirados, sea por Dios o por el diablo; las mujeres histéricas, posesas; los maniáticos, almas que Dios lleva por caminos misteriosos. Todo estaba permitido en el supuesto orden sobrenatural, salvo, sin embargo, las evocaciones, a las cuales solo el infierno puede concurrir, porque perturban inutilmente el orden inmutable de la naturaleza y el silencio eterno de los sepulcros.

El Evangelio afirma que las almas del cielo no pueden descender y que las almas del infierno no pueden remontarse. Solo quedan las del purgatorio. Pero estas, entregadas a la expiación, ya no pueden pecar y por consiguiente, no tienen el poder de atormentar a los vivos e inducirlos a error.

El purgatorio, dicen los teólogos, es un infierno resignado, porque en él queda la esperanza.

Allí se sufre, se ama y se ora, pero no se puede salir antes del tiempo señalado por la justicia eterna. ¿Qué relación pueden tener estos reclusos de la expiación y de la oración con las divagaciones ora estúpidas, ora picarescas de las mesas habladoras? ¿Cómo el demonio, esta personificación salvaje y grandiosa del incurable orgullo y de la desesperación sin remedio, se permitiría bufonadas de Arlequín o moralidades de Mr. Proudhon? El diablo de la Edad Media es a veces malicioso, lo reconocemos, pero ¿quién no ve tras los cuernos del macho cabrío, las orejas de la madre loca, sátira gala que achaca a Dios mismo las boberías de sus ministros y hace la novela cómica de *Belzebuth* tal como ha hecho la novela del *Zorro?*

El diablo nunca ha dejado de morar en la conciencia de los malos sacerdotes, por eso las supercherías de los antiguos santuarios se repetían a menudo, con lo vicios viejos, en los templos del nuevo Dios. Si ruidos inexplicables interrumpían el silencio de los campos, eran almas que pedían preces; y ya sabemos que las preces, para el sacerdote, son dinero. Otras veces, inverosímiles relatos de algún milagro servían para disimular un crimen; como muestra citaremos la terrible leyenda de Eudes o Udo, Arzobispo de Magdeburg. Este era un prelado demasiado sabio para su siglo, pues antes de la época fijada por la Providencia, ya parecía querer principiar la revolución religiosa reservada al genio mediocre pero obstinado de Lutero.

Udo de Magdeburg se declaraba contrario al celibato de los sacerdotes; había sacado de su claustro a una abadesa de la que hacía casi públicamente su concubina, en espera de poder tomarla por esposa. El clero joven principiaba en-

tonces a engolfarse en la vía del escándalo y los sacerdotes
viejos estaban taciturnos y esperaban.

Un día por la mañana se encontró al arzobispo muerto
en el coro de su catedral. La cabeza, separada del tronco,
yacía en un charco de sangre y el cuerpo solo estaba en ca-
misa. Era evidente que el arzobispo había sido arrancado de
su cama y arrastrado a la iglesia donde fué decapitado.
¿Quiénes eran los verdugos o mejor dicho los asesinos?

La mujer que ocupaba la pieza con Udo contó, tem-
blando, que una voz terrible se había dejado oír, diciendo
como en salmodia:

> Cesa de ludo
> Lusisti satis Udo.

rimas bárbaras que se pueden traducir por las siguientes:

> Deja de jugar Udo
> Bastante has jugado.

En seguida se abrió una puerta secreta del aposento y
unos hombres negros se echaron sobre el arzobispo a quien
sacaron de la cama y se lo llevaron. Nada más había visto
u oído la mujer, que estaba desmayada de susto.

Había en el capítulo de la catedral de Magdeburg un
canónigo llamado Friedrich, que se tenía por santo y que
llevaba una vida de asceta.

Aquella noche, este canónigo velaba en la iglesia, ro-
gando a Dios porque cesaran los escándalos del arzobispo.
La nave central estaba en silencio; el cielo sin luna, y el
viejo sacerdote temblaba en la oscuridad de la noche, cuando, repentinamente, la puerta de la sacristía se abrió con
estrépito ,y se dejaron oír aullidos extraños, junto con gritos
reprimidos. Un personaje vestido de blanco, con grandes

alas en los hombros, vino a prender los cirios del altar mayor.
Entonces, Friedrich pudo ver a un hombre que los demonios
tenían fuertemente agarrotado; después, dice que su atención fué atraída de nuevo a la puerta abierta de la sacristía;
vió una procesión singular que entraba en la iglesia.

A la cabeza caminaban los santos protectores de la
iglesia de Magdeburg, fáciles de reconocer por su traje tra-
dicional y sus insignias legendarias; luego ángeles vestidos
de blanco precedían a una mujer alta que, por su manto
azul y su corona de oro, se conocía que era la Virgen; tras
de ella venían otros ángeles vestidos de negro y rojo, en
medio de los cuales estaba San Miguel, armado de un an-
cho machete; por fin, rodeado de portadores de hachones,
con teas encendidas, caminaba un hombre coronado de espinas, que llevaba una gran cruz en la mano. Todo ese
clero venido del otro mundo se acomodó en el coro. El
Cristo o por lo menos el que hacía sus veces, se sentó en
el trono en el propio sitio del arzobispo, y los demonios
principiaron a acusar a Udo, que en medio de ellos estaba
maniatado, y probablemente con mordaza. El reo nada pudo contestar: la Madre de Dios, aparentó interceder por él;
pero cuando el demonio habló de los escándalos del prelado
y de la religiosa seducida, la Virgen bajó su velo y se retiró esbozando un gesto de asco. Entonces el juez hizo una
señal a San Miguel y el machete fulguró y bajó; después,
los cirios y las teas se apagaron y todo desapareció en la
sombra.

El canónigo Friedrich se preguntó si había soñado y se
adelantó temerosamente al coro. Al llegar al pie del altar,
sintió que la loza estaba húmeda y tropezó con una maza
inerte. La lámpara del altar aun estaba apagada, y Friedrich tuvo que volver a su casa para procurarse luz, pero la
emoción y el terror le impidieron volver a la iglesia. Fué

solamente a la mañana que los sirvientes de la catedral, al
abrir las puertas, vieron el cadáver decapitado. El cuerpo
del maldito no fué inhumado en tierra santa; no se limpia-
ron las manchas de sangre de las lozas del coro; apenas se
las cubrió con una alfombra, y cuando se instalaba un nuevo arzobispo de Magdeburg, el capítulo y el clero llevaban
al mitrado solemnemente a ese lugar, levantaban la alfombra
y enseñaban al prelado la sangre del sacrílego Udo.

Nada, en las sombrías leyendas de la Edad Media, nos
parece más horroroso que este asesinato atribuído a Jesucristo.

Es seguro que, si la separación de los dos mundos no
fuera infranqueable para los que han subido, si el Salvador
mismo pudiera, sin perturbar el orden eterno de la Providencia, hacerse presente en medio de nosotros de otra manera que por su Evangelio y su Eucaristía, habría venido a
absolver y levantar al desgraciado Udo, diciéndole, como a
la mujer adúltera: "Vete y no peques más". Si los espíritus del otro mundo pudieran armarse de espadas materiales
para castigar a los culpables de la tierra, ¿habría podido
Torquemada llevar a cabo tranquilamente sus autos de fé?
¿Acaso Alejandro VI, que envenenaba hostias y cometía
públicamente incestos, no merecía más que Udo de Magdeburg ser decapitado por ángeles, no de noche y en secreto,
dentro de una iglesia desierta, sino en día claro, *urbi et
orbi*, ante Roma entera y ante todo el Universo? Pero nó,
solo toca a los hombres, a las plagas, a la vejez y a las
enfermedades, dar la muerte. Dios es el padre de la vida;
no tiene a sus ángeles para lacayos de nuestros patíbulos ni
a sus sacerdotes para proveedores del infierno.

Fraudes interesados por una parte, ignorancia por otra,
fenómenos inexplicados pero no inexplicables, son las causas que justifican la intervención de supuestos espíritus du-

rante todo el transcurso de la Edad Media. El estudio de la
naturaleza estaba abandonado por una escolástica bárbara;
se creía en Aristóteles y en el maestro de las sentencias; el
temor al infierno se oponía a que uno se ocupara del mundo, y el pensamiento de la muerte hacía despreciar la vida.
Conocida es la historia del diácono Raymond, a quien el
terror del infierno causó una pesadilla póstuma y cuyo resultado fué la fundación de la Gran Cartuja por San Bruno;
contagio del miedo, transmisión epidémica del delirio. Si la
santidad de esos tiempos consistía en el terror al infierno,
¿qué hombre fué mas santo que el desgraciado diácono Raymond? Habiendo caído en letargia del espanto, todo el
mundo lo creyó muerto; se estiró tres veces en su sudario
y se enderezó en el ataud gritando: ¡"Estoy acusado! ¡Estoy juzgado! ¡Estoy condenado!", cayó después vencido,
pero esta vez verdaderamente muerto por el terror. Se sus-
pendió la ceremonia fúnebre, se apagaron los cirios y se
echó el cuerpo en un hoyo cavado a prisa. ¡Quizá si en esta
ocasión, el desgraciado murió de veras y despertó, por cuarta vez, debajo del suelo, para sentirse enterrado vivo y
morderse los puños de rabia.

Admitimos en nuestras obras procedentes la posibilidad
del vampirismo, y aun hemos tratado de explicarlo. Los fenómenos que se producen actualmente en América y en
Europa son causados, seguramente, por esa horrible enfermedad. Se da impropiamente el nombre de vampiros a ciertos monomaníacos que, como el sargento Bertrand, son fatalmente inducidos a hartarse de la carne de los muertos;
pero los verdaderos vampiros son difuntos que aspiran y
consumen la sangre de los vivos. Los *mediums* no comen,
es verdad, la carne de los muertos; pero, por todo su organismo nervioso, aspiran el fósforo cadavérico o sea la luz
espectral. No son vampiros, pero evocan a los vampiros.

Por eso, todos los mediums son débiles y enfermizos; débiles de espíritu y de cuerpo; fatalmente propensos a las alucinaciones y a la locura. Las prácticas enervantes de la evocación los agota pronto, y caen en una consunción lenta, solo comparable a la que el doctor Tissot describe como consecuencia de las costumbres solitarias. *El espiritismo es el onamismo de las almas.*

La ley de Moisés prescribe que se condene a muerte a los que consultan los *oboth,* es decir los fantasmas del *ob,* o de la luz pasiva. Este gran legislador quería, mediante ejemplos rigurosos, preservar a su pueblo del contagio del vampirismo y de los abismos de la alucinación espectral.

Tampoco creemos que habría perdonado al simple sonambulismo magnético. Ya pasaron los tiempos de Moisés y, felizmente, el código penal del profeta hebreo está abrogado con el de Draco. Es claro que no deseamos que se mate a los sonámbulos y a los espiritistas, pero si nuestras advertencias, fundadas sobre la ciencia y la religión, pudieran disuadir a algunos a matarse, no habríamos perdido nuestro trabajo y nuestra labor.

Veamos ahora los lugares fatídicos y las casas encantadas, pero ante todo, afirmemos la existencia y la realidad de un gran número de fenómenos que, en la Edad Media, sobre todo, favorecían la creencia de tal género de superstición. Mr. de Mirville cita muchos casos. Nuestros lectores pueden consultar sus obras. Nos contentaremos con un relato que tomó de un estimado autor del Siglo XV, Alexander ab Alexandro. Nuestro autor dice así:

"Es cosa notoria y conocida de Roma que no temí habitar varias casas que nadie quería arrendar a causa de las espantosas apariciones que ocurrían en ellas cada noche. Allí, además de los ruidos, temblores y voces estridentes que solían perturbar nuestro silencio y reposo, veíamos, también un espectro horrible completamente negro, de aspecto amenazador, que parecía pedir nuestra ayuda; y para que no se sospeche que he tratado de inventar alguna fábula, que se me permita acudir al testimonio de Nicolás Tuba, hombre meritorio y de gran autoridad, quien quiso venir con varios jóvenes conocidos a asegurarse de la realidad de las cosas.

Montaron pues guardia, y aunque las luces estaban encendidas vieron luego, al mismo tiempo que nosotros, aparecer el mismo fantasma, con sus múltiples evoluciones, sus clamores y espantos, que hicieron temer a nuestros compañeros, pese a su coraje, que iban a ser sus víctimas. Toda la casa retumbaba con los gemidos del espectro y las piezas quedaban infectadas: pero cuando nos acercábamos a él, parecía retroceder y, sobre todo, huir de la luz que llevábamos en la mano. Por fin, tras una indecible bolina de varias horas, y cuando ya la noche estaba por terminar, se desvaneció la visión.

"De todas las experiencias de entonces, vale la pena relatar una sobre todo, pues para mí fué el más grande prodigio, y a la vez el más pavoroso...

Había llegado la noche y después de cerrar mi puerta con un sólido cordón de seda, me acosté. No había dormido todavía y mi lámpara no estaba apagada, cuando mi fantasma, ya estaba haciendo su ruido costumbrado a la puerta, y al poco tiempo, estando la puerta cerrada y asegurada, yo lo ví, ¡cosa increíble!, introducirse en la pieza por las hendiduras y cerraduras de la puerta. En cuanto entró se deslizó debajo de mi cama, y mi alumno Marco, que había visto toda la maniobra, helado de espanto, principió a dar gritos y a pedir auxilio. Observando que la puerta continuaba cerrada, me resistía a creer en lo que había presenciado, cuando do vi al terrible fantasma sacar de debajo mi cama un brazo

y una mano con la que apagó la luz. Una vez apagada, co-
menzó a revolver no solamente mis libros, sino también todo
lo que estaba en mi pieza, emitiendo sonidos que nos hela-
ban la sangre. El ruido había despertado a los de la casa;
encendieron luz en la pieza contigua a la mía; al mismo tiempo, el fantasma abrió la puerta y se escapó por ella. Pero
lo más extraordinario del caso es que no fué visto por los
que traían la luz".

Mr. de Mirville, quien cita el hecho, agrega:

"Se ve cuan fácil es explicar a bulto los fenómenos que
se describen en cuatro renglones, pero cada uno agrega una
dificultad a la solución del problema: Supongamos que Alejandro haya estado loco en este momento, pero entonces lo
estarían también su alumno, su sirviente, Tuba y los jóvenes, toda la casa y la ciudad de Roma entera, que no quería esta casa". ¿Había pues en dicha casa una causa de alucinación para todo el mundo? Si, una causa que no pudiendo
abrir la puerta desde afuera, pasaba por las hendiduras, y
la abría muy bien desde el interior.

Lo que caracteriza especialmente esta historia, y lo que
Mr. de Mirville no alcanza a ver, es la falta absoluta de lógica y de apariencia de verdad, que es el signo distintivo
de las alucinaciones y de los sueños. Una puerta cerrada
por un simple cordón de seda se abre más facilmente de
afuera que por dentro, empujándola para romper el cordón,
pero sucedía lo contrario; el espíritu, que ha entrado por el
agujero de la cerradura sin haber necesitado abrir la puerta,
ahora para salir, se daba el trabajo inútil de abrirla, pudiendo salir como entró. Claro que no es visible para todos,
pese a lo que dice Mr. de Mirville, quien, según su método
particular, no parece haber leído la citación que transcribe.
El aire de la pieza debía ser viciado, ya que la luz se apa-
gaba en ella. El brazo del fantasma era una visión de la

asfixia; por eso una vez abierta la puerta y establecida la corriente de aire, el espectro desapareció. Se podría cotejar esta historia con un hecho reciente que hemos leído en los periódicos de hace pocos años.

Había en un lugar que se cita, y en casa de personas que podrían nombrarse si fuera necesario, una pieza encantada. Un sabio resolvió dormir en ella y allí se acostó. Cerca de la media noche, sintió una horrible opresión, un dolor de estómago desgarrador y angustioso, y vió en una claridad fosforescente un horrible demonio verde manzana, que estaba acurrucado sobre su estómago y le escarbaba las entrañas con las uñas. Lanzó un grito que fué oído; vinieron en su auxilio, se aireó la pieza, y ya vuelto en sí, el sabio se sintió enfermo y reconoció los síntomas del envenenamiento por el arsénico. Sacado de la pieza, se le administraron reactivos y una vez restablecido, pudo entregarse al examen serio y atento de la pieza encantada. Comprobó que estaba tapizada con un papel verde manzana, cuyo color se debía a una sal arsenical, y entonces todo se aclaró para él. Se cambió el papel de la pieza y en efecto el fantasma homicida no volvió.

Es al estudiar detenidamente los prodigios, que se descubren las leyes secretas de la naturaleza.

Tenemos por ejemplo, una casa que atrae las piedras como un fierro imantado atrae las limaduras del fierro. ¿Es extraño, no es cierto? Pero es también lo que se debió haber dicho cuando se observó por primera vez los fenómenos del imán. Pronto se descubrirá que existen imanes especiales en los tres reinos de la naturaleza, y que la casa lapidada debía atraer las piedras como el *medium* escocés Home o la joven campesina Angélica Cotin atraían los muebles. La vida del hombre se derrama sobre las cosas de su uso; las prescripciones de la Biblia prueban que el contagio de la

lepra se adhería a las casas como a los hombres. ¿Por qué
no habría casas enfermas de imantación desordenada como
había entonces casas leprosas? La naturaleza es armoniosa
y regular; ella obedece a leyes rigurosamente exactas en
el resultado de su acción, y nunca desmiente a su autor ni
a ella misma. Su milagro permanente es el orden eterno.
Los prodigios pasajeros son accidentes previstos por la armonía universal y no prueban la intervención de los espíritus,
así como los meteoros no prueban la existencia de los astros.

La razón suprema es como el sol. ¡Insensato es el que
no la ve!

FENOMENOS MODERNOS

LAS MESAS GIRATORIAS Y PARLANTES ULTIMA PALABRA SOBRE EL ESPIRITISMO

FENOMENOS MODERNOS

Capítulo Primero

LAS MESAS GIRATORIAS Y PARLANTES

La existencia del imán universal especializado en los metales, en las plantas, en los animales y en los hombres, era conocida de los antiguos hierofantes. A esa fuerza misteriosa se la llamó, entre los hebreos, *OD, OB,* y *AUR.* Es la doble vibración de la luz universal y vital. Luz astral en los astros, luz magnética en las piedras y en los metales, magnetismo animal en los animales y en el hombre. Todo en la naturaleza revela su existencia ([1]).

Las experiencias de Mesmer y de sus sucesores han probado que el magnetismo animal puede comunicar la vida y la voluntad del hombre a los objetos inertes. No hay, pues, por qué asombrarse del fenómeno tan común en nuestros días de las mesas giratorias y habladoras; si al ignorante le agrada admirarse, es porque admirándose se maravilla, y al maravillarse se encanta; y como no quiere ser desencantado no escuchará a los simples decidores de verdades.

Casi toda la verdad sobre estas mesas prodigiosas se

([1]) Ver "Gran Arcano del Ocultismo", por Eliphas Levi.

halla sencilla y claramente expuesta en la carta de un sabio anónimo citado por Mr. A. Morin: "Tenga la seguridad, dice este sabio, que en las mesas no hay espíritus, ni ánimas, ni ángeles, ni demonios; pero hay de todo eso si así lo queréis, cuando lo querais y como lo querais, ya que solo depende de vuestra imaginación, de vuestro temperamento, de vuestras creencias íntimas, antiguas o nuevas. *La Mesambulancia* es tan solo un fenómeno mal observado por los antiguos y no comprendido por los modernos, pero perfectamente natural, que toca la física por una parte y a lo psíquico por la otra; solo era incomprensible antes del descubrimiento de la electricidad y de la heliografía, porque para explicar un hecho espiritual, estamos obligados a apoyarnos sobre un hecho correspondiente en el orden material, tal como lo hacían los antiguos poetas, valiéndose de comparaciones y los profetas mediante parábolas.

"Pues bien sabéis que el daguerrotipo tiene la facultad de ser impresionado, no solamente por los objetos, sino también por la imagen de estos objetos. El fenómeno que nos ocupa que debería llamarse *fotografía mental*, no reproduce solamente las realidades, sino también los sueños de nuestra imaginación, con tal fidelidad, que quedamos engañados, no pudiendo distinguir una copia tomada a lo vivo de una prueba sacada de la imagen.

"Esta fotografía, diréis vosotros, es una cosa extraordinaria, maravillosa. Lo mismo se ha dicho de la fotografía ordinaria y después nos hemos familiarizado con ella. Igual sucederá con el nuevo descubrimiento; se acostumbrarán a él, y cada cual lo verificará, empleando las mesas tal como se emplea el daguerrotipo; algunos lo harán bien y otros mal, pues para tener éxito precisan un conjunto de precauciones y condiciones adecuadas para ello. Ni el torpe ni el atolondrado lograrán una *prueba* en una u otra cosa.

"La magnetización de una mesita o la de una persona es absolutamente la misma y los resultados son idénticos; es la invasión de un cuerpo extraño por la electricidad vital inteligente o por el pensamiento del magnetizador y de los asistentes.

"Nada puede dar una idea más exacta y más fácil de comprender, que la máquina eléctrica que acumula el fluido sobre el conductor para obtener una fuerza bruta que se manifiesta por destellos de luz, etc. Así la electricidad condensada sobre un cuerpo aislado adquiere un poder de reacción igual al de la acción, ya sea para imantar, para descomponer, inflamar, o bien para enviar sus vibraciones a lo lejos. Son efectos sensibles de la electricidad bruta, producidos por elementos también brutos. (Se le da aquí el nombre de bruta para distinguirla de la electricidad inteligente). Pero hay evidentemente una electricidad correspondiente, producida por la pila cerebral del hombre; esta electricidad, este éter espiritual y universal, que es el *medio ambiente del universo* metafísico o incorpóreo, debe ser estudiado y después reconocido por la ciencia, la cual nada podrá conocer del gran fenómeno de la vida antes de ello.

"La electricidad cerebral, que ya no es para mi y para mis colaboradores una hipótesis, parece necesitar, para manifestarse a nuestros sentidos, de la electricidad estática ordinaria; de manera que si ésta falta en la atmósfera cuando el aire es muy húmedo, por ejemplo, no se puede obtener que las mesas se muevan, y a uno le dicen, claramente, al día siguiente, lo que les faltaba la víspera.

"La inteligencia de una mesa que se mueve es el resumen, o si lo preferís, el reflejo de la inteligencia de las personas que la mueven, y aun puede decirse, que es el reflejo de todo un salón atento de personas y en armonía de sentimientos y de creencias. Otras veces, no es más que la reper-

cusión de las ideas de una sola persona influyente por su
voluntad, quien puede paralizar o activar de lejos la mesita
e imponerle la clase de ideas que le plazcan.

"No es preciso que las ideas sean nítidas en el cerebro
de las personas; la mesa misma las descubre y las formula,
en prosa o en verso y siempre con términos apropiados; a
menudo, pide tiempo para llenar ciertos vacíos; principia un
verso, lo borra, lo corrige o le cambia el giro como nosotros; juega, bromea y se ríe igual que nosotros, como lo
haría un interlocutor bien educado. Si las personas son simpáticas y benévolas mutuamente, adopta el tono general de
la conversación, es el espíritu del hogar; pero si se le pide
un epigrama contra una persona ausente, resulta mordaz. En
cuanto a las cosas del mundo exterior, se atiene a las conjeturas como nosotros; compone sus pequeños sistemas fi-
losóficos, los discute y los defiende como el más astuto sofista. En una palabra, se hace una conciencia y una razón
propias con los materiales que saca de nosotros.

"Todo esto os parece muy extraño, muy increíble; mas
tras verificarlo, llegaréis a la misma conclusión.

"Los americanos están convencidos de que son los muertos los que vuelven; otros, creen que son espíritus; unos que
son ángeles; otros que son demonios; y sucede, precisamen-
te, que todo es el reflejo de la creencia y de la convicción
preconcebida de cada grupo. Asimismo, los iniciados de los
templos de Serapis, de Delfos, y otros establecimientos teúr-
gico-medicinales del mismo género, estaban convencidos, de
antemano, que iban a comunicarse con los dioses adorados
en cada santuario; lo que así ocurría forzosamente.

"A nosotros, que apreciamos el fenómeno en lo que vale, no nos sucede cosa alguna que no podamos explicar sin
dificultad, siguiendo nuestros principios; estamos perfectamente seguros que después de haber cargado una mesa con

nuestro *influjo* magnético, hemos creado una inteligencia análoga a la nuestra, que goza como nosotros de libre albedrío y puede conversar y discutir con nosotros, con un grado de lucidez superior; ya que la resultante es más fuerte que el individuo, y que el todo es mayor que una parte.

"La mejor condición es tener como colaboradores a niños casi sin influencia mental; es más o menos como si uno estuviera solo en presencia de su conciencia y en conversación íntima consigo mismo, salvo que el razonador efímero formula lo que estaba tan solo en estado caótico y nebuloso en la conciencia.

"No hay una sola respuesta de los antiguos oráculos que no tenga una explicación natural con la clave de nuestra teoría. No acusemos más a Herodoto de haber chocheado en sus más extraños relatos, los tenemos por tan verídicos y sinceros como todos los demás hechos históricos consignados en las narraciones de todos los autores del paganismo.

"El cristianismo se empeñó en librar al mundo de esas creencias supersticiosas cuya inanidad y peligro había reconocido sin descubrir sus causas; tuvo que librar grandes batallas para destruir los oráculos y el sibilismo, y que emplear algo más que la persuación; el establecimiento de la inquisición no tuvo otro fin; basta leer a Amio Marcelino y las represiones de los primeros emperadores cristianos contra los consultores de las mesas, lo mismo que los sermones de Tertuliano contra los que interrogaban *Capellas et Mensas*. (Cabras y mesas).

"No se necesitó menos de diez y siete siglos y medio para acabar con los brujos mediante el fierro y el fuego; los últimos sobrevivientes fueron Urbano Grandier y otro; pero siendo natural el fenómeno, volvía a aparecer, ora bajo la forma de los tembladores de San Medardo, ora bajo la de los alucinados de San Paris, de los cuales Talleyrand comprobó la realidad en su juventud, crucificando a una sibila con el abate de Lavanguillon, sin causarle daño. Mesmer ha resucitado la cosa.

"Este fenómeno es tan antiguo como el hombre, ya que le es inherente. Los sacerdotes de la India y de la China lo han practicado antes que los egipcios y los griegos. Los salvajes y los Esquimales lo conocen; es el *fenómeno de la fe*, fuente de todos los prodigios; cuando la fe se debilita, los milagros desaparecen. El que dijo: "Con la fe se traslada las montañas", no se admiraría que se levante una mesita. Con la fe, el magnetizador quita un reumatismo, y los pastores del campo obtenían, con el pie de sus cabras, como lo obtenemos con el pie de nuestras mesas, respuestas análogas a las creencias íntimas de los interrogadores, que se asombran de ver formulados sus pensamientos, sus instintos y sus sentimientos, como el salvaje se asombra de ver su cara reflejada por un espejo. Los peor servidos son los que creen hablar con el demonio que refleja sus sueños y algunas veces el estado de su conciencia".

EL HOMBRE AL MIRARSE EN EL ESPEJO DE LA MESA SE VE A VECES TAN FEO QUE POR EL DIABLO SE TOMA

Cuanto más creyentes hay reunidos por una fe cualquiera alrededor de una mesa, tanto más cargada es la pila, tanto más notables y maravillosos son los resultados.

Los primeros cristianos reunidos alrededor de una mesa para comulgar con Dios, veían a Dios, así como los que tienen fé en la magia y en la brujería, ven encantamientos y brujerías en todas partes. Los convidados al festín de Baltasar han visto, sobre las murallas, la amenaza que surgía

en su conciencia contra el autor de semejantes orgías y nada
más. Los que creen en las apariciones, en las manchas fos-
forecentes, en ruidos extraños, están servidos también conforme con sus ideas, pues cada uno recibe según su fe.
El que ha pronunciado estas profundas palabras era por
cierto el Verbo encarnado; no se equivocaba y no quería
engañar a los otros; decía la verdad, y no hacemos más
que repetirla, sin esperar que se acepte.

El hombre es un microcosmos o pequeño mundo, lleva
en sí un fragmento del gran todo al estado caótico. La tarea de nuestros *semidei*, es ordenar la parte que les ha tocado, mediante el trabajo mental y material incesante. Tienen tarea que hacer; inventando sin cesar nuevos productos, nuevas moralidades, deben poner en orden los materiales brutos e informes entregados por el Creador, quien los
crea a su imagen para que a su turno creen y completen
la obra de la creación, obra inmensa que sólo terminará
cuando todo sea tan perfecto, que será semejante a Dios
y capaz de sobrevivirse a sí misma. Lejos estamos de este
momento final, pudiendo decir que todo está por hacerse
todavía, por pulir y por perfeccionarse aquí abajo; instituciones, máquinas y productos.

MENS NON SOLUM AGITAT SED CREAT MOLEM

"Vivimos en la vida, este medio ambiente que mantiene
en los hombres y en las cosas una solidaridad necesaria y
perpetua; cada cerebro es un ganglio, una estación del te-
légrafo neurálgico universal, en relación constante con la
estación central y con todas las demás, mediante las vibraciones del pensamiento.

"El sol espiritual ilumina las almas así como el sol ma-

terial ilumina los cuerpos, pues el universo es doble y si-
gue la ley de la pareja. El ignorante estacionario interpre-
ta mal los mensajes divinos y los traduce a menudo de
una manera falsa y ridícula. No hay pues más que la ins-
trucción y la verdadera ciencia para destruir las supersticiones y los absurdos propalados por los ignaros traduc-
tores colocados en las *estaciones de la enseñanza* entre todos los pueblos de la tierra. Estos intérpretes ciegos del
Verbo han querido siempre imponer a sus alumnos la obli-
gación de afirmar sin examen, *in verba magistri.*

"¡Ay! Nos agradaría mucho, si tradujeran exactamente
las voces interiores que engañan tan sólo a los espíritus
falsos. Nos toca, dicen ellos, interpretar los oráculos, esa
misión es exclusivamente nuestra, *spiritus flat ubi vult* y
sólo sobre nosotros sopla, arguyen.

"Sopla en todas partes, y los rayos de la luz espiritual iluminan todas las conciencias; pero así como hay buhos
que huyen de la luz, hay también muchos cuerpos refrin-
gentes que carecen de la facultad de reflejar. Es la mayoría;
si todos los cuerpos y todos los espíritus reflejaran igualmente esta doble luz, se vería mucho más claro que hoy".

Creemos, como el sabio Mr. Morin, que los fenómenos
actuales abren un grande e importante campo a grandes
descubrimientos. Esta fotografía mental de las ideas corrien-
tes es algo inmenso que revela la gran comunión de la vida.
Un alma única, en efecto, mantiene la vida de toda la naturaleza, *mens agitat molem.*

Esta alma es activa en los seres inteligentes y pasiva
en los otros. Pues bien, lo que es activo obra sobre lo que
es pasivo y aun le quita su fuerza. El hombre puede sacar
el vigor al león, la agilidad y la destreza al mono y ser-
virse de ellos como instrumentos: todo eso es cuestión de
magnetismo.

¿Pensáis, por ejemplo, que un gran pintor encuentra en el almacén los colores que adornan su tela? No; manda su pensamiento al sol, el que le entrega sus reflejos. Todo poder intelectual es una magia y la materia sometida al espíritu se convierte en inteligencia.

Para manifestarse, el día necesita la noche, y como lo dice M. A. Morin en algunos versos adecuados cuyo pensamiento completaremos:

> Para Apolo, ha llegado el tiempo de abdicar;
> Sabemos ahora cuál genio invocar
> Su fuerza es
> #### TODO EL MUNDO,
> El se llama
> #### NADIE,
>
> El que no lo tiene es el que lo da
> Así como en el imán, el polo negativo
> Es el agente constante del efecto positivo.
> La naturaleza muda inspira la palabra,
> Y el hombre de genio, es tal vez, en dos palabras,
> El que atrae a sí el espíritu de todos los necios.

La Fontaine hacía más aún: sacaba el genio de las bestias, o más bien, les prestaba el suyo, y les hacía hablar mucho mejor de lo que los *mediums* hacen hablar a las mesas. El mundo pertenece al genio. El dice a la piedra: ¡que viva!, y la piedra se levanta y se anima. El estatuario hace los dioses; después viene la fe y los dioses hablan, las estatuas revuelven los ojos, el mármol llora. Mera imaginación, diréis. ¡Sí, a menudo pero no siempre, y la prueba está en que las mesas se mueven y hablan realmente. No se conocen todavía las fuerzas de que dispone la imantación humana, y cuando los prodigios de la fe sean conquistas de la ciencia, el hombre, sobreponiéndose a todas las supersticiones, habrá tomado su lugar en el universo; comprenderá que ha nacido para mandar a la naturaleza, y que es aquí abajo, el plenipotenciario de Dios.

En verdad, la fotografía es una de los más bellos y más curiosos descubrimientos de este siglo; pero, durante los buenos tiempos de antaño, que tan sinceramente echan de menos M. Veuillot y de Mirville, ¿no habría sido acusado de magia el inventor y las masas ignorantes persuadidas que estas pinturas instantáneas y maravillosas eran obras de los espíritus malignos? ¿Que se habría pensado entonces del estereoscopio, este anteojo doble que da relieve a un reflejo y cambia un fantasma en estatua? Un viajero lleva los Alpes en el bolsillo o pone la catedral de San Pedro de Roma en un estuche. Juntad el microscopio al estereoscopio y veréis alzarse entre vuestras manos, en toda su pasmosa altura, las colosales pirámides que así pueden contemplarse fácilmente a través del ojo de una aguja.

Decid, querido Mr. de Mirville, ¿no tendrá algo que ver en eso vuestro diablo? ¿No?, pero en cuanto a la fotografía mental de las mesas habladoras es otra cosa; sí, es otra cosa en efecto, pero esta otra cosa es completamente análoga a la primera.

Así como la fotografía solar reproduce con una desesperante fidelidad las manchas y las verrugas de un rostro, la fotografía astral reproduce el vacío de las conversaciones vanas, la temeridad de las conjeturas y los deslices de los pensamientos necios. Conocidas son las supuestas revelaciones de Víctor Hennequin; el *medium* Rose nos asegura que Escousse y Lebras han sido Romeo y Julieta, y encuentra en Saturno al desgraciado Lesurques, que se ha vuelto jardinero. Eso nos recuerda una estrofa de una canción estrafalaria de Vade:

> La reina Cleopatra
> Tostaba en su chimenea
> Unas castañas
> Que Carón
> Echaba a las gallinas,
> Mientras que Zorobabel
> Hacía cocer, en Israel
> Unas almejas.

Es toda la incoherencia del sueño. Después, evoca a Mme. Lafarge, y le hace confesar que fué culpable; ultraje impío a la tumba de una desgraciada, cuya memoria, amparada por una duda ante la opinión pública, atañe al honor de una familia honorable, de la cual viven aún algunos miembros que creen en la inocencia de María. Otro *medium*, antes sabio, y después aficionado a las mesas y alucinado, cree recibir besos de una mujer que ha amado; pero luego su amante de ultratumba se vuelve celosa,otros labios póstumos han rozado la boca marchita y desdentada del viejo Girard; y la nueva Diana de este grotesco Endimión, (casi no nos atrevemos a repetir lo que no temió escribir), es la madre de Dios en persona. Al lado de estas monstruosidades, se ve salir del lápiz de los *mediums* páginas que no están, tal vez, escritas en parte alguna, pero que uno recuerda haberlas leído en todas partes, pues esas charlas son vulgares y se parecen. Algunas veces, el supuesto espíritu copia sencillamente a un autor que cree, sin duda, poco conocido. El que escribe este libro se asombró un día al leer, firmado por Platón, en un número de la *"Verdad"*, diario espiritista de Lyon, una página de su introducción a la *"Historia de la Magia"*. El lápiz escribe canciones insulsas que atribuye a Béranger, y Lacenaire declama sermones ramplones; es un montón de necedades pretenciosas y de reminiscencias truncas; una linterna mágica sin luz; es la reunión de los más pobres diablos que se pueda imaginar; es el caos de las extravagancias. Y al lado de todo eso, apreciaciones llenas de sutileza, hipótesis atrevidas y trozos de ciencia verdadera cosidos con los gastados hilos de Tabarín o de Calino. Apolonio de Tiana escribe páginas sansimonianas y las firma "San Agustín". San Agustín declama contra la Iglesia Católica; San Luis habla como Juan Journet; San Vicente de Paula hace frases y el Gran San Eloi ni siquiera tiene el buen sentido de poner al anverso las calzas del rey Dagoberto. Es el ruido anárquico de las multitudes, el *Quid por quo* de las manadas, la confusión de las catervas fotografiadas estando en movimiento; es el espíritu impersonal y múltiple que ahoga tontamente a los animales en los cuales se refugia; es el espíritu que echa de todas partes la dulce influencia del Verbo de verdad, y que se llama *legión*.

Capítulo II

ULTIMA PALABRA SOBRE EL ESPIRITISMO

EN este momento sucede en el mundo algo extraño e inaudito. Al poner todas nuestras esperanzas en la muerte, el cristianismo había inspirado a los hombres repugnancias para la vida, y he aquí que una creencia nueva parece querer reconciliarnos con la vida aniquilando la muerte.

Para la secta espiritista, en efecto, la muerte ya no existe. La vida presente y y la vida futura, separadas apenas por un delgado tabique que los espíritus pueden atravesar, no son más que una sola vida. Estamos rodeados por los que hemos amado, nos ven, nos tocan, nos hacen señales, andan con nosotros y llevan la mitad de nuestras cargas. Algunas veces su mano hasta se hace visible y palpable para estrechar la nuestra. El milagro se vulgariza y podemos reproducirlo a voluntad. Ya no más lágrimas derramadas sobre las tumbas, ni más luto, coronas funerarias en recuerdo de los que ya no son, pues, en verdad, lejos de haber cesado de existir, están más vivos que nosotros. La cuna del niño se mueve sola, y al balancearse dice a la pobre desolada que su querido ángel está siempre cerca de su corazón. El decrépito muro derrumbado que antaño separaba para siempre las dos existencias del hombre, como el tabique que separaba las viviendas de Píramo y Tisbe, deja pasar las palabras y ni siquiera impide los besos. ¡Qué divino sueño, qué dulce locura! Por eso, los adeptos de la ciencia nueva se cuentan a millares. Sería tal vez demasiado cruel desengañarlos, si acaso se engañaran pues se apoyan en razonamientos a los cuales nada se puede contestar, ya que andan rodeados de prodigios. En apariencia su moral es pura y su doctrina contradice el dogma católico sólo para oponer humildes esperanzas a rigores demasiado excesivos. Todo aquello es tan hermoso, sorprendente y bello, que uno se deja fácilmente embargar por la credulidad lisonjera, sin pensar bastante que la pretendida religión nueva aniquila el culto y la jerarquía; hace al sacerdocio inútil y destruye el templo en provecho de la tumba; substituye a los sacramentos de los vivos el contacto dudoso y problemático de los muertos. En estas evocaciones multiplicadas, la razón se cansa, la fe se materializa, las severas grandezas de la teología se transforman en pequeñeces románticas y sentimentales; en ellas se habla de un Cristo casi tan ridículo como el de Mr. Renan y de una Virgen María que viene cada noche a depositar besos sobre la boca del viejo Girard de Caudemberg. Por otro lado, este pícaro Mr. de Mirville, que no nos perdona el haberle tildado de bueno, emboca la trompa infernal y proclama el reinado de Satanás. Su bedel, Mr. Gougenot Desmousseaux, le pasa el hisopo para exorcisar al príncipe de las tinieblas. En lugar de agua bendita, llueven las injurias. Los gaznápiros volterianos niegan estúpidamente los hechos, para no tener por qué preocuparse de las causas. El respetable Mr. Velpeau explica por un pequeño crujido de los músculos de la pantorrilla, golpes que rompen las mesas y casi derriban murallas. Para muchas gentes, el americano Home es un hábil saltimbanqui; aun un mayor número de gente se ríe, se encoge de hombros, sin querer oír que le hablen de todo eso, y en medio de este caos, la verdadera ciencia, grave, silenciosa y triste, estudia, observa y espera.

Empero, no puede guardar un silencio eterno, porque ello equivaldría a estar muerta. Llega el tiempo en que debe necesariamente hablar para tomar la defensa de esta eterna razón que es la base de toda justicia. Es preciso que hable para anunciar al mundo la más grande y la más necesaria de sus revoluciones, la que debe derribar al despotismo de la locura, para fundar el imperio de la sabiduría que debe reconciliar para siempre la inteligencia y la fe.

La firme adhesión del espíritu a las hipótesis necesarias y razonables, es la fe, y esta fe, puede decirse que es también la razón.

La adhesión obstinada del espíritu a las hipótesis imposibles y fuera de razón, es la superstición, el fanatismo, la locura.

El Dios de los sabios, es la razón viviente y universal;

el Dios de los fanáticos y de los supersticiosos, es la locura absoluta.

Y la locura absoluta, es la mentira absoluta, el mal, el diablo; los supersticiosos adoran al diablo.

La religión de los supersticiosos puede, pues, rechazarse sin examen.

Cuando se dice que el verdadero cristiano debe sacrificar la razón a la fe, no se expresa de una manera exacta. Sacrificar su razón a la fe, es someter, en cuestión de religión, su propio criterio a la autoridad universal, lo que es muy cuerdo y muy razonable. ¿No pide San Pablo una obediencia razonada?

Todo el mundo lo sabe pero nadie quiere comprenderlo: en toda época los hombres de mala fe han cultivado el error, para tener el pretexto de reñir entre ellos.

La fe sin razón, es la locura. Tal el recluído de Bicêtre que cree firmemente y porfiadamente que él es el rey de Francia. ¿Por qué es loco al creer tal cosa? Porque no tiene razón de creerlo, o porque lo cree sin razón.

Vintras cree firmemente que es el profeta Elías y que el arcangel San Miguel, disfrazado de mendigo viejo, conversa familiarmente con él. Sus discípulos pretenden que tiene razón de creerlo, y aducen para ello, como pruebas supuestas, profecías y supuestos milagros. Pues bien, resulta de esto que las profecías no son más que divagaciones y declamaciones embrolladas, y los milagros, fenómenos repugnantes y propios para ridiculizar las cosas más santas. Aquí, la razón pública rectifica a la razón privada, resultando que Vintras y sus discípulos son, no diré sectarios que se deben combatir, sino enfermos que es preciso cuidar.

La fe es la confianza del alma humana en una razón más elevada que su propia razón. La fe realza pues la razón del hombre, en lugar de rebajarla; para nosotros, el abismo

del cielo principia donde acaba la cima de las montañas y
la fe principia, necesariamente, allí donde acaba la ciencia.
No puedo creer lo contrario de lo que sé, ni puedo saber
lo contrario de lo que creo, sin renunciar inmediatamente
sea a mi ciencia, o a mi fe. El objeto de la fe, es, pues, necesariamente la hipótesis; pero el objeto de la fe razonada,
es la hipótesis necesaria.

Que no se nos diga que la fe es una gracia y no una
deducción filosófica; el buen sentido también es una gracia,
y una gracia desgraciadamente mucho más escasa que la fe.
Nuestras malas pasiones corrompen nuestro juicio. Un malvado jamás es razonable, y el cielo concede la verdadera
razón sólo a los hombres de buena voluntad.

Sed creyentes y seréis inteligentes, decía el Cristo a los
pobres de espíritu y a los humildes, al llamarlos a la salvación por la fé. Sed verdaderamente inteligentes y seréis creyentes, podemos decir ahora a los sabios y a los pensadores.
Es decir, creeréis cuerdamente, en lugar de creer locamente,
pues de agrado o de fuerza, siempre es preciso que el hombre crea en algo. Providencia o fatalidad, pero existe una
causa primordial, Orden o caos, pero existe algo en el infinito. El orden en un solo rincón del universo es la negación del caos. La vida esencialmente directora y dirigida en
todos sus fenómenos es la negación de la fatalidad. El verdadero credo quia absurdum es el del hombre que niega. Ante el ser, en efecto, es menester ser loco para afirmar la
nada.

El ser, siendo infinito, puede ser conocido por sus manifestaciones finitas. Lo conocido, mediante la hipótesis ya sea
necesaria, ya sea tan sólo razonable, conduce a la adivinación
de lo desconocido relativo; pero fuera de cualquiera hipótesis posible, queda siempre lo desoconocido infinito, del cual
nada se puede pensar ni decir. Es en este desconocido in-

sondable, indeterminado, indecible, que los antiguos cabalistas adoraban a Dios, sin tratar jamás de comprenderlo.

Donde termina la ciencia, principia la fe, y la fe saca
sus revelaciones hipotéticas de las aspiraciones del corazón,
siempre más insaciable y más valiente que el espíritu. Pero el corazón humano puede apoyarse en una fuerza o dejarse extraviar por una debilidad. La fuerza, es el sentimiento heroico del sacrificio. La debilidad, es el ensueño
enervante del egoísmo satisfecho.

Para suplir a la deficiencia de la ciencia, se puede,
pues, acudir a la exaltación de los sentimientos generosos,
o a la sobre excitación de los instintos cobardes.

La exaltación de los sentimientos generosos infunde la
fe en el sacrificio y, por consiguiente, en el trabajo regular, en la abnegación del sentido propio, para someterlo al
sentido común. Así la Iglesia, se agranda y la sociedad es
una milicia, con sus grados y su disciplina obligatoria para
todos. La más poderosa inteligencia se manifiesta entonces
por la mayor docilidad. No hay nada más perspicaz, en verdad, que la obediencia ciega; nada más digno de la libertad que el sacrifio de la libertad misma. Un soldado
que ya no puede obedecer no puede vivir, y cuando su general le da una orden que en conciencia no puede cumplir, no
deserta, muere.

El sentimiento exaltado pero justo, que infunde la obediencia a la bandera, se llama honor. El sentimiento exaltado, pero justo, que induce a obedecer a la iglesia, se llama fe.

El sueño egoísta opuesto a la fe, es la herejía. Es el
soldado que quiere vencer sólo, el creyente excéntrico que
quiere monopolizar para sí las ventajas de la sociedad, el
hombre que quiere comunicarse con Dios sin intermediarios
y que se hace una revelación propia. Como si el Dios de la

humanidad pudiera ser excomulgado; como si el fondo de
la religión no fuera el espíritu de caridad, y el espíritu de
caridad estuviera fuera de la asociación de los sacrificios, del
concurso jerárquico de la creación y de la conservación social y eclesiástica de la fe.

Esta alta razón que se llama la Iglesia absorbe y debe
absorber todos los razonamientos individuales. Al revelarse
al mundo, el Cristo ha hecho callar los oráculos porque los
oráculos no son la razón. ¿Qué importa, en efecto, un fenómeno que la ciencia no explica todavía? y ¿qué puede contra una razón?

Si yo viera un absurdo inscrito con letras de fuego en
el cielo, admiraría el fenómeno, pero no sería bastante loco para admitirlo. Ahora que la voz de Cristo ya no se escucha, se resucita los oráculos, las mesas hablan, las plu-
mas escriben solas, las mesas gritan; y ¿qué gritan? ¿qué
dicen las mesas? ¿Qué escriben los lápices de los *mediums*?
Se repite en todos los tonos y en todas las lenguas que los
hombres son locos cuando no toman como base la sabiduría de Dios que está en el espíritu de caridad.

Un día Lutero fué visitado por un espíritu. ¿Era blanco o negro? Es lo que el reformador no pudo afirmar
y sin embargo, le dió por creer que ese espíritu era
el diablo. De manera que el diablo argumentó contra el
fraile y el fraile fué convencido por los argumentos del diablo, viniendo así la reforma al mundo. Esa es vuestra historia, espiritistas y aficionados a las mesas. Una voz os habla y no sabéis de quién es la voz. Muchas veces, vuestras
pretendidas revelaciones pululan entre contradiciones y men-
tiras. Pero estáis libres de la jerarquía, sois así más sabios
que vuestros curas y que el papa.

El otro mundo se revela directamente a vosotros o por
intermedio de seres inferiores, de seres ignorantes y enfer-

mizos, de pobres alienados que duermen o que no saben
lo que escriben, y vosotros os creeis como Israel, fuertes
contra Dios.

Arregláis a vuestro antojo el dogma eterno. Negáis
aquéllo, admitís lo otro; hacéis paraísos de fantasía e in-
fiernos tolerables; y con eso ya podéis predicar la moral que
siempre produce su efecto.

De una proposición absurda no se sabrá examinar la
consecuencia, porque no existe.

Vosotros decís: Dios condena la razón y fomenta la
locura.

Que es como si dijérais: el diablo condena la locura y
fomenta la razón. Pues bien, el pecado es la locura, y la
virtud la razón.

Virtud loca y pecado cuerdo son términos que no se
avienen.

¿No véis que tomáis a Dios por el diablo y al diablo
por Dios?

Según vosotros, el diablo, el demonio de la locura, sería
el dios de la razón. Reconcentráos y recapacitad.

Así que, después de los anatemas de los profetas, de la
aureola de los apóstoles, de los esplendores de lo padres, de
la paciente, laboriosa, pero incompleta razón de los esco-
lásticos; después de las valerosas desesperaciones de la reforma y de la filosofía, Dios, ya sin recursos, manda mesas
habladoras para que deletreen cabriolando la palabra pica-
resca de Cambronne, condimento forzoso de una doctrina
insulsa, estímulo de prácticas que bien podríamos llamar
onanismo del pensamiento. Eso es Dios? No; sólo vuestro
Dios puede acudir a semejantes recursos. Y pasáis delante
de Bicêtre sin sacar vuestro sombrero y sin tararear el es-
tribillo de Béranger:

¡Salud patria mía!

La fe en Dios es la firme adhesión del espíritu a las hipótesis necesarias de la inteligencia. San Pablo las formula en estos términos:

Accedetem ad Deum oportet credere, quia est et inquirentibus se remunerator sit.

Que Dios es, y premia a los que lo buscan.

La fe en Jesucristo y en su Iglesia es la firme adhesión del alma a las hipótesis necesarias del corazón. Si Dios es bueno, nos ama; si nos ama debe remediar eficazmente nuestros males y venir hacia nosotros, ya que no podemos ir hacia él. La encarnación, la redención, los sacramentos, el dogma inmutable, la jerarquía indefectible se hacen entonces necesarios; todo eso se prueba por la existencia real, siempre presente en la Iglesia, de un poder evidentemnte divino que transforma los ignorantes en sabios, los débiles en héroes, las mujeres más sencillas y hasta los pobres niños en verdaderos ángeles de la tierra.

¡Desgraciado del que desconoce este poder, vergüenza para quien lo resiste y lo niega!

Este poder es el espíritu de caridad.

La fe de la inteligencia que sólo afirma a Dios, es la fe de Moisés.

La fe del corazón que afirma la Iglesia, es la fe de Jesucristo.

La fe de Moisés, es Dios inaccesible al hombre.

La fe de Jesucristo, es Dios representado en la humanidad, inaccesible al pensamiento, pero siempre presente al amor. He aquí, en efecto, a Dios por entero.

El mosaísmo y el cristianismo son inseparables como la inteligencia y el amor.

La Iglesia, es la humanidad cristiana, consecuencia necesaria y complemento forzoso del judaísmo mosaico.

Al lado de esta fe razonable, siempre trató de establecerse la fe loca e imaginaria, anárquica como la locura, caprichosa como los sueños.

La fe de los visionarios, que consideran como revelaciones divinas los fantasmas de su imaginación.

De los que piden la sabiduría al éxtasis, al entusiasmo, al sueño, a la catalepsia y en fin, a todos los estados que, al suprimir el libre albedrío del hombre, lo vuelven más o menos alienado.

¡Y que no ven que la alienación es la decadencia del hombre!

Y que no comprenden que el espíritu del vértigo, es el espíritu de la mentira y del mal.

Y que no sienten que al entregarse al desfallecimiento automático del sonambulismo o del hipnotismo, a las impulsiones fatales y dudosas del espíritu de las mesas giratorias, entregan a un desconocido tenebroso la dirección de su pensamiento y lo que es más horrible, y completamente contrario a la naturaleza, que se convierten en alienados voluntarios.

Convirtiéndose así en profetas del torbellino, en videntes del vértigo, en oráculos del gran caos, en intérpretes de la fatalidad.

Se miran en un espejo roto y creen percibir la multitud de espíritus celestes que han servido de alimento a su espíritu; los sueños de su doctrina se parecen a las pesadillas de una digestión laboriosa.

¿En qué difieren, esencialmente, nuestros hipnotizados modernos de esos antiguos gnósticos de la India, que esperaban la aparición de la luz increada, con los ojos fijos en su ombligo?

Mucho tiempo antes de nosotros, los brahmanes magnetizaban mesas y las levantaban del suelo, imponiéndoles solamente las manos. La pitonisa de Endor era lo que hoy se llamaría una poderosa *medium,* que evocaba los difuntos. Pues bien, la evocación de los difuntos, siento decíroslo, es necromancia, la más tenebrosa de las ciencias del abismo, la más maldita de las operaciones sacrílegas. La necromancia substituída al cristianismo; la luz de los muertos en lugar de la palabra del Dios viviente; el flúido espectral bajando sobre nosotros en vez de la gracia; la comunión eucarística olvidada para no sé qué banquetes, donde el alma se asfixia al aspirar el fósforo de los cadáveres; eso es, pobres insensatos, lo que consideráis como una renovación religiosa; eso es vuestra fe y vuestro culto; eso, en fin, el Dios negro que adoráis.

Mr. de Mirville no se equivoca del todo al atribuir las divagaciones espiritistas al diablo.

Pero si Dios envía al diablo en misión, el diablo debe obedecer, necesariamente, a Dios. El diablo es pues el servidor de Dios, el misionero de Dios.

Y entonces, Dios responde por el diablo.

Y todo lo que vosotros atribuís al diablo, está hecho por Dios.

El diablo ya no tiene su libre albedrío y hace, a pesar suyo, lo que Dios le ordena hacer.

Luego el diablo mentiroso, es Dios mentiroso.

El diablo verdugo, Dios verdugo, el diablo grotesco, Dios grotesco.

Blasfemadores ¿no os estremecéis?

No es a la imaginación enfermiza del hombre, no es a su locura, ni a sus ensueños, sino a su inteligencia y a su razón que Dios se revela.

Si un padre de la Iglesia ha escrito su famoso: *Credo quia absurdum,* es que quería indicar, por medio de esta paradoja, el dominio real de la fe que principia en los límites extremos de la ciencia. En sus límites extremos, la

ciencia cae en el absurdo si quiere pasar más allá, y entonces, el alma razonable no puede encontrar un refugio sino
en la fe. Es pues el absurdo que hace necesaria la fe:

Credo quia absurdum; yo creo, porque sería absurdo
razonar sobre lo que puedo saber; creo, sobre todo, porque sería aún más absurdo no creer.

El alma se aferra invenciblemente a sus hipótesis, cuando son rigurosamente necesarias; puede quererlas y adherirse a ellas, cuando son razonables; pero las almas insensatas se apasionan voluntariamente por hipótesis ridículas e
imposibles. Creo en la vida eterna; he aquí la hipótesis necesaria. La vida eterna no permite que nuestras almas se
extingan cuando morimos; he aquí la hipótesis razonable.
¿Pero que se hacen estas almas desprendidas de nuestros
cuerpos? Me contestáis que quedan en nuestra atmósfera
brumosa, temblorosas y desnudas, o bien que se esconden
en las tablas que hacen crujir, en vuestras mesas que se
mueven, en los lápices que parecen trazar solos a veces vulgaridades de la moral corriente, dignas sólo del genio de
Mr. Proudhon, y otras divagaciones e insultos. Es la hipótesis ridícula y por consiguiente imposible.

Un hecho inexplicable para vosotros, vuestra imaginación prevenida lo explica a su manera. ¿Habéis hecho acto
de fe? No, habéis hecho un acto temerario, o si lo preferís
aún, pueril. Una voz sale de la pared, nos habla y no sabemos de donde viene. Es San Miguel, dice el pobre Vintras; es el diablo; exclama el pícaro Mr. de Mirville, que se
indigna porque uno le dice que es bueno; y ambos escriben
enormes libros. Pero, al fin de cuentas, ¿qué decía esa voz?
¡Sandeces!, luego no es San Miguel; vulgaridades, entonces
no es el diablo. Mas alguien ha hablado, hemos oído la voz
y bien sabemos que las paredes no hablan. Muy bien. ¿Cómo vamos a concluir? Simplemente, en que no es la pared

que ha hablado. Pero entonces, ¿quién és? Os lo diría si lo
supiera, mas si os lo digo sin saberlo, sería un mentiroso o
un imbécil.

¡Oh simple buen sentido, cuán raro eres! Pero aquí alguien me va a interpelar. Moisés, se me dirá, oyó una voz
sobre el Sinaí. ¿Cómo ha podido él saber si era la de Dios,
la del diablo, o la de un sueño?

Tal vez era el alma física de la tierra; quizá si el genio irritado del Egipto que quería, al engañar a los hebreos,
vengar los desastres del mar Rojo, que Moisés ha creído que
era la de Dios. ¿Pero cuál era la razón infalible que tenía
para creerlo? ¿Por qué al afirmar que era Dios, no era ni
mentiroso ni imbécil? ¿Por qué? Voy a decíroslo: las leyes
del Sinaí son la expresión de la más alta y de la más pura
razón.

El Decálogo estaba grabado en la conciencia de los
hombres, antes de ser esculpido sobre la piedra con los dedos de Dios, quien, como debéis saberlo no tiene dedos; los
rugidos y los truenos que brotaban de la montaña, no eran,
en esa primera escena del gran drama de la revelación positiva, sino decoraciones y accesorios. Y os pregunto: ¿Qué
importa para la proclamación del dogma de la unidad de
Dios, una trompeta más o menos?

Cuando Jesús, por el heroísmo sublime de su muerte,
prueba al mundo la inmortalidad del alma; cuando victorioso de la agonía, lanza un grito de triunfo, y después inclina
suavemente la cabeza y muere, ¿qué necesidad tengo yo de
que las piedras se partan y que las tumbas se abran? Quiero ignorar esos prodigios; nada hay demás en mi alma para
admirar el último suspiro del justo. Aparte los fantasmas,
no tengo el tiempo de verlos; mi pensamiento entero está ab-
sorto por una sublime realidad.

Yo no busco, como ciertos autores modernos, explicarme

ridículamente los milagros del Evangelio; no trato de sospechar, por ejemplo, que Lázaro enfermo haya sido sepultado vivo y abandonado durante cuatro días en su tumba, por sus hermanas, para atraer a esa trampa singular la vanidad cómplice o ingenua de algún taumaturgo dudoso. Historia o leyenda, el relato evangélico me impone veneración y me acuerda el magnífico cuadro del profeta Ezequiel, de pie en medio de las osamentas.

¿Piensas tú, o profeta, que estos restos pueden vivir de nuevo? Y sin embargo, a la voz del hombre que obedece a Dios, la vida vibra y se estremece en todo ese campo de la muerte. El espíritu del Verbo ha soplado, y la humanidad va a renacer. Lo mismo ocurre con Lázaro. Lázaro, el gran leproso humano, el enfermo de la tierra ha muerto hace cuatro días, es decir hace cuatro mil años; pues ante Dios, dice la Escritura, mil años son como un día. Ya está en putrefacción este género humano que gobierna el emperador de Caprea. Salvador del mundo le dicen, llegáis demasiado tarde, si hubieras estado allí, Lázaro no habría muerto. Jesús nada contesta, pero llora y la gente dice: Ved, cómo lo quería!

Manda que se saque la piedra, llama al muerto a la vida, y el muerto se levanta, todavía agarrotado en su mortaja. Tal es el principio del cristianismo. Desatádlo, dice el Salvador, y dejadlo en libertad. Tal es la realización y su fin.

Esto no es la historia de un hombre, es la leyenda profética del mundo, el complemento y la explicación de la visión de Ezequiel. Se aspira de lleno, en ese relato, el soplo divino. Uno llora como Jesús, se estremece y se endereza con Lázaro, que alza hacia el cielo las manos aun cautivas. Lazaros son los esclavos de América, los oprimidos de Irlanda, los mártires de Polonia. ¡Dejad, oh Señor, dejad, que se les desate y queden en libertad!

No tengo por qué buscar otra cosa en esa página que tan fuertemente impresiona. Siento que es verídica, y me rindo a la emoción que me produce; pero, ¿es simplemente una parábola, o es el relato de algún acontecimiento? No lo sé y, por consiguiente, sería temerario que afirme sobre eso algo que sea contrario a las enseñanzas de la Iglesia. Aquí me asiste la tradición de los padres que han comprendido como yo el símbolo y han tenido buen cuidado de no impugnar la historia que sirve de base a ese símbolo. Debo imitar su cordura, mas la desgraciada crítica de Mr. Renan me inspira una profunda lástima.

La fuerza del Evangelio no está en los milagros que narra ese libro sagrado, sino en la razón suprema, en el LOGOS, que es la luz de cada hombre que viene a este mundo, como lo dijo San Juan: "Me preguntáis quien soy yo, decía Jesus. *Yo soy el principio que habla*". Como opuesto a las leyes ordinarias de la naturaleza, el milagro se parece al error; pero la verdad, siempre igual, hace palidecer el brillo efímero de todos los prodigios ante los esplendores del orden eterno.

No se podría encerrar la verdad en una tumba, que por lo mismo no podría salir de ella. Es la vida que irradia sobre la muerte, no es la muerte que puede irradiar sobre la vida. El espíritu de los grandes hombres no necesita volver a nosotros desde ultra-tumba, puesto que queda siempre sobre la tierra. ¡Consultores de oráculos fúnebres: os parecéis a hombres que pasaran su existencia mirando al fondo de un pozo para ver el sol!

Sacrificar la vida presente a una existencia futura, es el espíritu del cristianismo, definido por todos los ascetas. Encontrar aún en ese sacrificio la mayor dicha de la vida presente, es el genio del cristianismo, tan delicadamente presentido como magníficamente soñado por el alma de Chateaubriand; pero el corazón del cristianismo, su esencia, su ley fundamental, es la jerarquía directamente opuesta a la anarquía.

Por la jerarquía, en efecto, la sociedad se constituye y adelanta; por la anarquía, se divide y se destruye. La jerarquía es la comunión; la anarquía, la excomunión voluntaria. La jerarquía es el hombre adicto a la sociedad y por ella protegido; la anarquía, el hombre proscrito por la sociedad y que conspira contra ella. La jerarquía, en fin, es el hombre todopoderoso, porque es múltiple; la anarquía, el hombre impotente, porque está solo.

"Si Dios ha hablado, dice Rousseau, ¿por qué nada he oído yo? Es a tu conciencia que debes preguntar, tú que quieres andar solo, y que te haces el sordo cuando la sociedad habla. ¿Debía tener Dios una redención para Rousseau y otra para la humanidad? ¿Rousseau es más que un hombre o menos? Si es más, ¿dónde están sus títulos? Si es menos, ¿dónde están sus derechos?

Mas, se me dirá, si la sociedad quiere imponer a mi fe absurdos que repugnan a mi razón, ¿puedo yo abjurar de mi razón para creer en ellos?

No, la sociedad no te impone la fe, pero te prohibe turbar la paz de las creencias comunes con las rebeliones de tu espíritu o de tus ensueños: duda, si tienes esta desgracia, pero calla, es tu deber.

Las inspiraciones personales nada son mientras no han recibido la sanción social. El hombre de genio, es el que piensa mejor lo que todo el mundo piensa o querría pensar. El pensador excéntrico, que no inspira simpatía, no es un hombre de genio; y si se obstina, es un loco.

No serán Lutero ni tampoco Savonarola que puedan reformar la Iglesia, en tanto que la Iglesia quema a Savonarola y excomulga a Lutero; apartarse de un enfermo, no es

curarlo; y el concilio de Trento nada tiene que esperar ni
qué recibir de las fantasías de la Confesión de Augsburgo.

La misma ley que obliga al fiel a andar con la Iglesia,
obliga a la Iglesia a andar con la humanidad, so pena de no
ser ya la Iglesia. Es así como la Iglesia judaica fué tan sólo
la sinagoga cuando fué dejada atras por el progreso cristiano.

Dios no cambia, pero el ideal divino puede cambiar, y
cambia necesariamente, con el genio de las naciones. "Cuándo el hombre progresa, Dios se agranda", dijo el Salmista;
y cuando Dios se agranda, su Iglesia se transfigura; pero
siempre acercándose a la suprema razón. Admitiendo, lo que
nosotros no admitimos, que el cristianismo haya hecho su
tiempo, comprendo el deismo de Voltaire, pero no la teurgia
de Máximo de Efeso y de Juliano.

¿Qué prueba en efecto, una visión, sino que hay visionarios?

Se me dice que Jesús ha sido superado, ¿por quién, pues,
Dios mío? Y se me señala a Allan Kardec. Vaya, os bur-
láis.

No admitimos, decimos nosotros, que el cristianismo haya hecho su tiempo y que sea un árbol muerto, pues, no ha
dado todavía sus frutos. El Evangelio no ha sido comprendido, la verdad no ha sido enseñada por completo; algunos
niños han deletreado la letra, pero el espíritu ha quedado en
el fondo del texto, como la esperanza en el fondo de la caja
de Pandora. Creemos, pues, que no se trata de enseñar una
cosa nueva, pero sí de explicar mejor lo que ha sido ense-
ñado. Esta mejor enseñanza, la esperamos tan sólo de la
Iglesia; y por eso deponemos a sus pies el resultado de nuestras investigaciones y de nuestros estudios, para que lea y
juzgue.

Aprobados o no por la Iglesia, nuestros trabajos serán
útiles al mundo; pues si la Iglesia puede prohibir al creyente

excéntrico el dogmatizar, no puede impedir al sabio enseñar. No es sobre la religión, sino sobre la ciencia de los es-,
píritus que llamamos hoy la atención de los pensadores. Nuestro objetivo, al escribir esta obra, no es únicamente poner
coto a la epidemia del espiritismo; no somos, deliberadamen-
te, adversarios de nadie; amamos a los que investigan, pues
hemos buscado largo tiempo, y es a ellos, sobre todo, que
queremos participar de nuestros curiosos descubrimientos.

La gran hipótesis necesaria de los destinos futuros ha
sido estudiada y llevada de deducción en deducción por los
sabios del mundo antiguo. La neumática cabalística es verdaderamente una ciencia, porque procede metódica y exactamente, yendo de lo conocido a lo desconocido por medio
de las analogías, las menos dudosas, porque los hechos le
revelan leyes, y es sobre estas leyes que sienta sólidamente la
base de sus hipótesis, siempre prudentes. Es pues la neumática cabalística la que hemos revelado a nuestros lectores. Le
agregamos el análisis del profundo tratado de Isaac de Loria
sobre el progreso circular de las almas (*De Revolutionibus
animarum*); la del *Sepher Druschim*, por el mismo doctor.
Sacamos de las tinieblas del ocultismo estos libros prodigio-
sos de los cuales el mundo moderno ya no tiene la clave, y
creemos haber merecido bien de la ciencia y de la razón.

Con la ayuda de estas poderosas luces, explicamos los
fenómenos extraños que los sabios a medias niegan con la
mayor facilidad y que, sin embargo, los confunde por su evidencia. Sí, las estatuas se estremecen, los mármoles lloran,
los panes sagrados sudan sangre; sí, una mano ha podido salir de la pared para aterrorizar, con una inscripción amenaza-
dora, el banquete impío de Balthazar. Hemos visto, oído y
tocado prodigios parecidos; por lo tanto, no decimos que
creemos en ellos, ya que sabemos a ciencia cierta que esto
es. El milagro no es un hecho contrario a las leyes de la na-

turaleza, puesto que entonces no podrían producirse sin que la naturaleza fuera transtornada. Pero es un hecho excepcional, fuera de las costumbres de la naturaleza, si se nos permite expresarnos así. El milagro, en una palabra, es como todo lo que existe; no puede existir sin razón, no prueba, pues, nada contra la razón. Es lo que nuestro libro debe establecer claramente así como las otras obras nuestras.

Una vez admitido esto, la superstición se hace imposible, el fanatismo desaparece, la verdadera religión saca todo su brillo de la razón suprema y desdeña los vanos prestigios. La fe ya no perturba las almas, al contrario, las sostiene y las consuela, mientras que la ciencia las ilumina. La humanidad sale de la infancia, rechaza sonriendo y sume en las tinieblas los espectros y los vampiros. Las fuerzas secretas de la naturaleza se convierten en conquistas de la inteligencia; el simbolismo se aclara de por sí, las alegorías hablan, la historia se desprende de las nubes de la fábula. Es así, dicen nuestros profetas, como un día, el Hijo del Hombre, abriendo las nubes del cielo, aparecerá en toda su gloria y en toda la simplicidad de su santa humanidad, abrirá el libro de las conciencias y juzgará a los vivos y a los muertos.

El autor de este libro no teme confesar que tuvo las más sorprendentes y las más formidables visiones; ha visto y tocado los demonios y los ángeles como Máximo de Efeso y Schroepfer de Leipzig los hacía ver y tocar a sus adeptos. Ha podido comparar las alucinaciones de la vigilia con las ilusiones de los sueños, y de todo esto, ha concluído que la razón defendiendo la fe y la fe sosteniendo la razón, son las únicas y verdaderas luces de nuestras almas, y que todo lo demás es vana fatiga del cerebro, aberración de los sentidos y delirio del pensamiento. No escribe pues tan sólo lo que supone, sino que *enseña audazmente lo que sabe.*

Por eso su libro es titulado: "LA CIENCIA DE LOS

Espíritus", y no conjeturas o Ensayos sobre los espíritus.

Después de haber bajado de abismo en abismo, de espanto en espanto, hasta el fondo del séptimo círculo del mismo abismo; después de haber atravesado en toda su extensión la sombra de la ciudad doliente, el Dante, dándose vuelta y tomando, por decirlo así, al diablo a contrapelo, subió victorioso y consolado hacia la luz. Hemos hecho el mismo viaje, y nos presentamos ante el mundo con la seguridad sobre la frente y la paz en el corazón. Venimos a decir tranquilamente a los hombres, que el infierno, el abismo sin esperanza, las quimeras, los sátiros, los vampiros, los pecados personificados, el dragón de tres cabezas y toda la fantasmagoría tenebrosa es tan solo una pesadilla de la locura; y que el Dios viviente, el solo real, el solo presente en todas partes, llena sin dejar vacíos, y llena, —digo yo—, la inmensidad sin límites con los esplendores y las consolaciones eternas de la razón soberana.

EPILOGO COMPUESTO COMO LAS LEYENDAS EVANGELICAS, QUE RESUME EL ESPIRITU DE ESTA OBRA

I

LOS VIVOS Y LOS MUERTOS

En aquella época, el Cristo atravesando el campo santo encontró allí un joven de rodillas que lloraba ante una cruz.

Al ver este joven, Jesús fué presa de compasión por su dolor y acercándose le dijo: ¿Por qué lloráis?

El que lloraba se dió vuelta y contestó, extendiendo la mano: Hace tres días que mi madre está allí.

Jesús le dijo: —Cree hijo mío, vuestra madre no está allí. Se ha depositado aquí la última vestimenta que se ha quitado. ¿Por qué lloráis sobre este despojo insensible? Levantáos y anda, vuestra madre os espera.

El joven sacudió tristemente la cabeza, y dijo: No me levantaré, y no iré a buscar la muerte; la esperaré aquí y vendrá y entonces yo sé que estaré reunido a mi madre.

A lo que repuso el Cristo: —La muerte espera la muerte y la vida busca la vida, no entristezcas con dolor egoista y estéril el alma de la que os ha precedido; no detengáis su marcha hacia Dios con vuestro dolor y vuestra inercia. Pues, su amor vive todavía en vuestro corazón, y no la habréis perdido si la hacéis vivir dignamente en vos. En vez de llorar a vuestra madre, resucitadla ¡No me mires con asombro y no pienses que estoy jugando con vuestro dolor! La que echáis de menos está cerca de vos; uno de los velos que separaba vuestras almas ha caído pero todavía queda uno. Separados solamente por este velo, debéis vivir el uno para el otro; vos trabajaréis por ella y ella rezará por vos.

—¿Cómo trabajaré por ella? contestó el huérfano; ya no necesita cosa alguna, ahora que está bajo tierra.

—Os equivocas, hijo mío, confundís todavía el cuerpo con el vestido. Ella tiene más que nunca necesidad de inteligencia y de amor en el mundo de los espíritus. Pues vos sois la vida de su corazón y la preocupación de su espíritu, ella os llama en su ayuda.

Para que atraveséis la vida practicando el bien y para que lleguéis cerca de ella con las manos llenas, cuando Dios os reunirá.

Para tener derecho al descanso, es menester trabajar. Porque si no trabajáis para vuestra madre, atormentaréis su alma. Por eso os decía: Levántate y anda porque el alma de vuestra madre se levantará y andará con vos, y la resucitaréis en vos si hacéis fructificar su pensamiento y su amor.

Ella tiene un cuerpo sobre la tierra, es el vuestro; vos tenéis un alma en el cielo, es la de ella; que esta alma y este cuerpo anden juntos y vuestra madre revivirá.

Creedme, hijo mío, el pensamiento y el amor jamás mueren, y los que consideráis como muertos están más vivos que vos si piensan y aman más.

Si el pensamiento de la muerte os entristece y os atemoriza, refugiáos en el seno de la vida, es allí donde encontraréis a todos los que amáis.

¡Dejad que los muertos lloren sobre los muertos y vivid con los vivos!

El amor es el lazo de las almas, y cuando es puro, ese lazo es indestructible.

Vuestra madre os precede, anda hacia Dios; pero, todavía está unida a vos y si os adormecéis en el entorpecimiento o el dolor egoista, estará obligada a haceros esperar y suspirar.

Mas, en verdad os digo, que todo el bien que hagáis será en beneficio de su alma, y que si obráis mal, ella sufrirá voluntariamente la pena.

Por eso os digo: Si la amáis, vivid por ella.

Entonces el joven se levantó y sus lágrimas cesaron de correr, contemplaba el rostro del Señor con asombro, pues su cara irradiaba la inteligencia y el amor y la inmortalidad brillaba en sus ojos.

Tomó entonces al joven de la mano, diciéndole: Ven. Enseguida lo condujo a una colina que dominaba toda la ciudad y le dijo: — Este es el verdadero campo santo.

Allá en esos palacios que entristecen el horizonte, hay muertos que es preciso llorar antes que a aquellos cuyos restos están aquí, pues que estos descansan.

Se agitan en la corrupción y contienden con los gusanos por los alimentos: son parecidos al hombre que ha sido enterrado vivo.

El aire del cielo falta a su pecho, y la tierra los agobia con su peso. Están clavados en las estrechas y miserables instituciones que han hecho, como entre las tablas de un ataúd.

Joven que llorábais, y cuyas lágrimas han sido enjugadas por mis palabras, llorad ahora y quejáos por los muertos que sufren todavía; llorad por los que se creen vivos y son cadáveres atormentados.

Es a esos que se debe gritar con voz potente: Salid de vuestras tumbas. ¡Oh! Cuándo sonará la trompeta del ángel!

El ángel que debe despertar al mundo, es el ángel de inteligencia; el ángel que debe salvar al mundo es el ángel de amor.

La luz será como el rayo que brota al Oriente y que se ve al mismo tiempo al Occidente. A su voz, el cuerpo de Cristo, que es el pan fraternal, será revelado a todos, y alrededor del cuerpo que debe alimentarlos, se juntarán las águilas.

Entonces, el verbo humano, libre de intereses egoístas, se unirá al Verbo divino.

Y la palabra unitaria, resonando en el mundo entero será la trompeta del ángel.

Entonces, los vivos se levantarán, los vivos que se creían muertos y que padecían esperando la redención.

Entonces, todo lo que no está muerto se pondrá en marcha y saldrá al encuentro del Señor; mientras que las cenizas de los que ya no son serán barridas por el viento.

¡Joven, estad pronto y tened cuidado de no morir!

Vivid para los que amáis, amad a los que viven, y no lloréis a los que han ascendido un escalón más sobre la escala de la vida, llorad a los que han muerto.

Vuestra madre os amaba y os ama más aún ahora que su pensamiento y su amor están libres de trabas terrenales. Llorad por los que no piensan en vos y que no os aman.

Pues, os digo en verdad que la humanidad tiene un solo cuerpo y una sola alma, y que vive en todas partes donde trabaja y sufre.

Un miembro que ya no es sensible al bienestar o al dolor de los demás miembros ha muerto y debe ser excluído.

En cuanto acabó de hablar, el Cristo desapareció a la vista del joven, el cual después de haber quedado algunos

instantes inmóvil y como impresionado por el recuerdo de
un sueño, se encaminó silenciosamente hacia la ciudad, diciendo: —Voy a buscar vivos entre los muertos.

Haré el bien a todos los que sufren, sufriendo con
ellos y amándolos, para que el alma de mi madre lo sepa
y me bendiga en el cielo.

Pues comprendo ahora que el cielo no está lejos de
nosotros, y que el alma es al cuerpo lo que el cielo material
es a la tierra.

El cielo que rodea y sostiene la tierra se abreva de la
inmensidad, así como nuestra alma se embriaga de Dios.

Y los que viven en el mismo pensamiento y el mismo
amor no pueden jamás ser separados.

II

EL FILOSOFO DESANIMADO

En aquel tiempo, vivía un hombre que había estudiado todas las ciencias, meditado sobre todos los sistemas, y que había terminado por dudar de todas las cosas.

El ser mismo le parecía un sueño, porque no le encontraba una causa suficiente. Había investigado la naturaleza de Dios pero no lo había adivinado, porque jamás había amado, y su inteligencia estaba oscurecida como el ojo de quien mira el sol.

Por esta razón estaba triste y desalentado.

Jesús que se ocupa de los muertos y gusta de sanar a los ciegos tuvo lástima de esta pobre inteligencia enferma y de su corazón apagado, y una tarde entró en la pieza solitaria del filósofo.

Este era un hombre pálido y calvo, de ojos hundidos, con la frente arrugada y los labios desdeñosos.

Velaba solo, cerca de una mesita cubierta de papeles y de libros, pero ya no leía ni escribía.

La duda encorvaba su cabeza como bajo una mano de plomo, sus ojos fijos no miraban y su boca sonreía vagamente con profunda amargura.

Su lámpara ardía cerca de él, y sus horas pasaban en silencio, sin esperanza y sin recuerdos

Jesús se detuvo ante él, sin proferir palabra alguna y oraba con los ojos levantados al cielo.

El sabio alzó lentamente la cabeza, después la sacudió y la dejó caer nuevamente, murmurando por lo bajo:

¡Visionario!

—Padre nuestro que estás en el cielo, que tu nombre sea santificado, —dijo Jesús.

—Te ha dejado morir sobre la cruz, replicó el pensador, y le has gritado inútilmente: Dios mío, Dios mío, por qué me abandonaste.

—Que llegue tu reino, continuó el Salvador.

—Hace mil ochocientos cuarenta años que lo estamos esperando, dijo el filósofo, y está más alejado que nunca.

—Cómo lo sabes? le dijo entonces el Maestro, dejando caer sobre él una mirada suave y severa.

—Ni siquiera yo sé que es ese reino de Dios que ha de venir, contestó el filósofo. Si hay un Dios, reinará o no reinará jamás. Pues, como no veo el reino de Dios, no lo espero, ni aun trato de saber si hay un Dios.

—Dudas también de la existencia del bien y del mal? preguntó Jesús.

—Su distinción es arbitraria, ya que varía según los tiempos y los lugares.

—Pone el dedo sobre la llama de tu lámpara, dijo el Salvador. ¿Por qué retiras la mano con tanta rapidez, ¿No sabes que un pensador como tú ha dicho que el dolor no era un mal?

—No participo de su opinión, pero no sé si tengo más razón que él.

—¿Por qué no participas de su opinión?

—Porque siento el dolor y me repugna invenciblemente.

—La distinción del bien y del mal no es pues arbi-

traria relativamente a tus repugnancias y a tus gustos? Y
añadió Jesús: en efecto, el mal no sabría ser absoluto. El
mal existe para tí y para todos los seres todavía imperfec-
tos. Es pues para estos que debe llegar el reino de Dios.
Te he convencido de una repugnancia física y te conven-
cería de una repugnancia moral con la misma facilidad. Por
el dolor, el fuego te advierte que destruiría la vida de tu
cuerpo, y la conciencia te avisa, por sus gritos y sus remordimientos, que el crimen perdería la vida de tu alma. El
mal para tí es la destrucción; el bien, es la vida, y la vida
es Dios. La tierra sumida en las tinieblas espera ahora que
salga el sol, y sin embargo, el sol queda radiante en el centro del universo, y es la tierra que gravita a su alrededor.
Dios reina, pero no ha entrado todavía en su reino; pues
el reino de mi Padre es el reino de la ciencia y del amor,
de la sabiduría y de la paz. El reino de Dios es el reino
de la Luz; deslumbra tus ojos que no la ven, porque buscan su iluminación en sí mismos y encuentran tan sólo
oscuridad.

—Señor, ábreme los ojos, dijo el filósofo, y disipa mis
tinieblas.

Jesús, dijo: —Si hubieras cerrado los ojos, debería
abrírtelos; pero si los abro y te place cerrarlos otra vez,
¿Cómo verás la luz?

¿No sabes que la voluntad del hombre obra sobre los
párpados de sus ojos, y que, si se le obliga a tener los ojos
cerrados o abiertos, pierde la vista?

Te puedo exhortar a encender en tí el fuego que alumbra, y es por eso que te hablo, y ya que tú deseas que tus
ojos se abran, verás pronto. Que tu deseo se trueque en
una voluntad enérgica, tú mismo abrirás los ojos y verás.

—¿Cuál es el fuego que alumbra? preguntó el sabio.

—Lo sabrás, dijo Cristo, cuando hayas amado mucho.

Pues si la razón es como una lámpara, es que el amor es su llama.

Si la razón es como el ojo de nuestra alma, es que el amor es su fuerza y su vida.

Una razón grande sin amor, es un hermoso ojo muerto, es una lámpara ricamente cincelada, pero fría y apagada.

Cuando el egoísmo de las pasiones animales rebajó la filosofía humana, he salvado al mundo mediante la fé, porque la fé es la filosofía del amor.

Se cree en los que se aman, y en los que nos sabemos amados: por eso he dado como base de la fé una caridad inmensa y yo y mis apóstoles hemos probado la sinceridad de nuestro amor mediante un sangriento martirio. Y mientras la Iglesia ha reinado por la caridad, ha triunfado por la fé; pero la fé espera la inteligencia, y se acerca el momento en que los que han creído sin ver, comprenderán y verán.

Si quieres comprender, principia por amar para creer.

—¿Qué creeré, Señor?

—Todo lo que ignoras; pues la fé es la confianza de la ignorancia razonable. Cree todo lo que Dios sabe y tu fé abarcará la inmensidad. Confía a tu padre celeste todas las cosas cuyo conocimiento se ha reservado, y no te preocupes desde luego de los destinos infinitos. Ama esta inmensa sabiduría de la cual eres el hijo, ama a los hombres que pasan ignorantes como tú sobre la tierra, y limita ahora tu ciencia al cumplimiento de tus deberes; pronto la verás aumentar sola y subir hasta Dios, pues Dios solo se deja ver de los corazones puros.

—¡Oh! ver a Dios!, exclamó el sabio entreabriendo sus labios temblorosos, como un hombre que tiene sed y que espera la lluvia del cielo. ¡Oh! reunir por fin en mi pensamiento todos los rayos dispersos de esta verdad que tanto he amado y que siempre se me escapaba. ¿Pero quien me dará este amor inmenso que hace comulgar al hombre con Dios y lo acerca al centro de toda luz?

—Tú lo merecerás por tus obras, le dijo el Cristo, pues, si uno se pervierte con las obras de corrupción, si se extravía con las obras de odio, se engrandece y se salva con obras de amor. Para acercarse a Dios, hay que andar, y las acciones santas son los movimientos de las almas.

—¿Cuáles son las acciones realmente santas? preguntó el doctor. ¿Es la oración o el ayuno?

—Oid, dijo el Cristo, y no juzguéis temerariamente a tus hermanos que han pasado buscando y llorando. La humanidad se ha confirmado en el deseo por la oración y las lágrimas, y los primeros de sus hijos que tuvieron sed de las cosas del cielo se han abstenido de las de la tierra; pero todo eso era solamente el principio. Era menester saber abstenerse, para aprender a usar bien. Era menester sacrificar primero el cuerpo al pensamiento, para emancipar el pensamiento. Pues el cielo moral es la libertad del alma; el alma está llamada a regir al cuerpo y no a destruirlo; así mismo, el cielo físico rige la tierra y no la destruye. La época de la oración y de las lágrimas debe ser substituída por días de trabajo y de esperanza. La oración de los antiguos era el trabajo, y es menester que nuestro trabajo sea una oración más eficaz y más activa.

—¿Cómo trabajaré? dijo el filósofo, no sé hacer nada que sea de utilidad.

—Has gastado pues vanos esfuerzos y el vigor de tu pensamiento, contestó el Cristo, y tu que querías saberlo todo, ni siquiera has aprendido a vivir. Conviértete en un niño y anda a la escuela del amor. Aprende a amar y a hacer el bien, ese es la verdadera ciencia de la vida.

Recuerda la leyenda de Cristóforo. Era un gigante tremendo, pero como no sabía emplear sus fuerzas, era débil como un niño.

Necesitaba pues un tutor, y se puso al servicio de un rey; pero el rey se enfermó y Cristóforo lo abandonó.

Buscó quien podía hacer sufrir a los reyes, y como no conocía a Dios, se puso al servicio del genio del mal.

Sin embargo, un día apareció una cruz sobre una roca, y el genio del mal cayó como herido por un rayo.

Cristóforo buscó entonces de quien la cruz era el signo; y un anciano le dijo que lo hallaría practicando el bien.

Cristóforo no sabía rezar ni trabajar, pero era robusto y alto, se dedicó a transportar sobre sus hombros los viajeros extraviados que querían atravesar el torrente.

Pero, una tarde, llevó a un niñito bajo el cual se dobló como si hubiera llevado un mundo, porque en la persona del pobre huérfano extraviado había reconocido al Gran Dios que estaba esperando.

¿Has comprendido esta parábola?

—Si, Señor, dijo el filósofo hecho cristiano.

—Pues bien, anda y has como Cristóforo, lleva al Cristo cuando cae de fatiga o cuando los torrentes del mundo se oponen a sus pasos. Para ti el Cristo será la humanidad doliente. Sed el ojo del ciego, el brazo del débil y el bastón del anciano; y Dios te dirá el gran por qué de la vida humana.

—Lo haré, Señor, y siento que en adelante no estaré solo en el mundo. ¿A cual de mis hermanos tenderé primero la mano?

—Al que sea más desgraciado que tú y que se muere desconocido de ti en una pieza vecina a la tuya. Anda pues en su ayuda. háblale para que espere, ámale para que crea, hazte amar de él para que viva.

—Condúceme a él, Señor, y háblale por mi.

—Ven y mira, dijo el Salvador, y tocó levemente la pared que se abrió como una cortina doble, y el sabio fué transportado en espíritu a la pieza vecina de la suya.

Era la de un poeta joven que iba a morir abandonado.

III

EL POETA MORIBUNDO

Había en aquel tiempo un joven que temprano había puesto el oído en su alma al eco de las armonías universales.

Y esta música interior había apartado su atención de todas las cosas de la vida mortal, porque vivía todavía en una sociedad sin armonía.

Siendo niño, era el juguete de los otros niños que lo tomaban por idiota; joven encontró apenas una mano para estrechar la suya, un corazón donde descansar el suyo.

Pasaba sus días en un silencio continuo y en un profundo ensueño; contemplaba con éxtasis extraño el cielo, las aguas, los árboles, las campiñas reverdecientes; después, su mirada se volvía fija, magnificencias interiores se desplegaban en su pensamiento y aun superaban el espectáculo de la naturaleza. Entonces, lágrimas involuntarias corrían sobre sus mejillas pálidas de emoción, y si se le hablaba no oía.

Por eso se le hablaba raras veces, y se le consideraba generalmente como un loco.

Vivía así solo con Dios y la naturaleza, hablando a Dios con lenguaje de armonía y dejando caer sobre la tierra cantos que nadie escuchaba.

Más, las necesidades materiales de la vida lo envolvieron en su red inextricable; despertó sobre la tierra todavía deslumbrado por sus visiones celestes, y cuando quiso andar, tropezó con los hombres y las cosas, hasta que cayó jadeante y desesperado.

Se encerró en su pobre vivienda y allí esperó la muerte.

Fué entonces cuando el Cristo lo vió y tuvo lástima de él.

La pieza del poeta era triste, desnuda y fría; apenas si estaba cubierto con algunos vestidos gastados; tendido sobre una pobre cama de paja, era presa de la fiebre y un fuego sombrío centelleaba en sus ojos.

El Cristo se presentó vestido con la túnica blanca, emblema de locura, que había recibido de Herodes y con la frente coronada con sangrantes espinas y una aureola de gloria.

—Hermano, dijo al pobre enfermo, ¿Por qué quieres morir?

—Porque ya no se puede vivir sobre la tierra cuando se ha visto el cielo, suspiró el poeta.

—Y yo, sin embargo, para vivir y sufrir sobre la tierra, he bajado del cielo contestó Jesús.

—Sois el hijo de Dios y sois fuerte.

—Yo he querido ser el hijo del hombre para tener hambre, para temer y para llorar. ¿No caí desfallecido en el jardín de los olivos? ¿No gemí sobre la cruz como si Dios me hubiera abandonado?

—Pues bien, dijo el enfermo, salgo de la vida como vos del jardín de los olivos, y estoy sobre un lecho de dolor, como vos sobre la cruz.

—Si yo hubiera orado solamente a mi Padre, en los valles, respirando el perfume de los rosales de Sarons, si yo me hubiera enajenado con los éxtasis del Tabor, no habría conseguido rescatar al mundo desde la cruz, contestó el Salvador. Pero he buscado la oveja descarriada, y para detener mis pies que corrían sin cesar tras las miserias del pueblo, se necesitaron los clavos del verdugo. Fué preciso traspasar mis manos para impedirles repartir pan a las multitudes hambrientas; y fué entonces, cuando no pudiendo dar otra cosa a mis hermanos, dejé correr toda mi sangre!

—He cantado, dijo el poeta, y los hombres no me han oído.

—Porque cantabas sólo para ti y desdeñaste su menosprecio. Era preciso, siguiendo el ejemplo del Verbo eterno, bajar bastante para hacerte oír.

—Quizá si en lugar de olvidarme me hubieran crucificado también!

—Era entonces, hermano mío, que habría sido hermoso morir para resucitar glorioso.

—Maestro, en vez de consolarme a mi hora postrera, ¿queréis asustarme y reprenderme?

—Vengo para sanarte e inspirarte valor para vivir, a fin de que seas acreedor a una muerte tranquila y prometedora de inmortalidad.

—¿Por qué quieres vivir solamente en el cielo durante los días que Dios te asignó sobre la tierra?

¿Por qué dejas perderse en vagas aspiraciones el inmenso amor de tu corazón?

¿Por qué te aislas en el orgullo de tus ensueños, cuando dolores reales sangran y palpitan alrededor de tí?

Dios no te ha dado el bálsamo celeste para perfumar tu cabeza; no te ha entregado el vino de su cáliz para embriagar tu boca e inspirarte repugnancia por las amarguras de la tierra.

Debías suavizar, levantar, consolar, debías ser el médico de las almas, y resulta que tú mismo, por haber escondido los remedios de Dios, eres más enfermo que los otros.

No me han comprendido, dices tú, pero eres tú, pobre joven, que no ha comprendido a tus hermanos.

Tu inteligencia era superior, y no has sabido hablar a los pobres de espíritu! Te creías grande y has tenido miedo de bajar para acercar tu boca al oído de los pequeños! ¡Amabas, y te inspira repugnancia las dolencias humanas!

Levántate pobre ángel caído, y empieza tu misión.

Sabed que el espíritu de armonía es el espíritu de amor que yo anunciaba al mundo con el nombre del consolador. Si es el Espíritu Santo que te anima, sed en adelante el consolador de tus hermanos, y para tener el derecho y el poder de consolarlos, aprende a sufrir y a trabajar con ellos.

Yo era más grande que tu y más que tú elevaba mi alma en el seno de las armonías eternas; y sin embargo, he pasado mi vida trabajando con carpinteros y conversando con pobres; ilustrando su mente, conmoviendo sus corazones y sanando sus enfermedades. Hasta hoy has hecho poesía en sueño y en palabras, pero ha llegado el tiempo de hacer poesía en acciones. Pues, todo lo que se hace por amor a la humanidad, todo lo que es abnegación, sacrificio, paciencia, valor y perseverancia, es sublime en armonía, pues es la poesía de los mártires.

En lugar de amar vagamente lo infinito, tratad de amar infinitamente a los hermanos que están cerca de ti.

Aquí te traigo uno; sufría como tú, y solo había logrado el vacío del pensamiento por haber aislado el trabajo del pensamiento, como tu corazón llegó a la desesperación por haber aislado tu amor.

En adelante, ambos sabrán que no es bueno que el hombre quede solo.

Entonces, el filósofo convertido al cristianismo se acercó al lecho del enfermo cuya fiebre se había desvanecido repentinamente y con las palabras suaves y severas de Jesús, le dijo:

—Hermano, aceptad mis cuidados y la mitad del pan que me queda; mañana trabajaremos juntos, y cuando me toque estar enfermo, me cuidaréis y tendréis pan para mi.

Hermano, por haber visto el cielo, no rompáis la escalera que os hará subir a él, tomadme más bien de la mano, y conducidme, pues he pensado mucho y he meditado mucho, y siento ahora que no he amado bastante.

Vos, cuya voz es el eco viviente de la armonía eterna, sois el hijo del celeste amor, porque la boca revela la plenitud del corazón.

Pero el amor no podría volverse egoista sin darse la muerte a sí mismo, pues solamente encuentra la plenitud de la vida al darse por entero a los otros.

Vivid para que os ame, pues si amo seré dichoso; y si amáis a Dios, querréis la felicidad de los que son hijos de Dios como vos. La armonía es a la vez ciencia y poesía; la exactitud numérica es la gran ley de la belleza y las magnificencias armónicas son la razón divina de los números; pero para que todo eso sea viviente y real, debe aplicarse a lo que es.

Hermano, lo positivo de Dios es mil veces más poético que el ideal del hombre.

Busquemos a Dios en la humanidad y no desesperemos de sus destinos; pues sus extravíos mismos la conducen a la armonía, y si Dios nos ha puesto en el número de los que ven primero donde debe ir ese pueblo errante en medio de las soledades, pongámonos a la cabeza de ese grande y laborioso movimiento, en vez de quedar aislados y morir.

—Hermano, te doy las gracias, dijo el poeta, y las doy al que te inspira!

En adelante ya no me apartaré del campo de batalla para morir solo, mientras pueda combatir todavía, antes me consideraría un cobarde o un desertor.

Si caigo con las armas en la mano al primero o al segundo rango de la milicia humana, moriré lleno de valor bendiciendo a Dios, y mi alma no se presentará sola ante el juez supremo.

Desde aquel día una santa amistad unió al filósofo y al poeta, y no desdeñaron muchas veces entregarse a humildes trabajos para ganar su vida.

Recorrían todas las clases de la sociedad y encontraban en todas partes corazones enfermos que esperaban el bálsamo de una palabra de sabiduría y de amor.

Comprendieron que en todas partes podían hacer el bien y los dolores de la vida les parecieron leves, porque los soportaban con valor; para inspirar valor a los que sufrían como ellos, la abnegación les daba una fuerza nueva.

IV

EL NUEVO NICODEMO

En aquel tiempo, había un sacerdote que amaba la verdad y que buscaba el bien con toda la sinceridad de su corazón.

Una noche, mientras velaba y rezaba, el Cristo vino a sentarse cerca de él y lo miró bondadosamente.

—Maestro ¿sois vos al fin?, dijo el pastor. Hace mucho tiempo que os busco, y sois vos que venís a mí durante la noche.

Jesús le contestó: —Nicodemo ha venido a verme de noche, porque tenía miedo a los judíos. Yo sé que tu existencia depende de la nueva sinagoga y no he querido comprometerte.

Pues, los escribas y los fariseos, los falsos doctores de la ley, todavía me persiguen y persiguen a los que me reciben.

—Señor, dijo el sacerdote con tristeza, los gloriosos años de los hermosos siglos de la Iglesia han sido pues infecundos para el porvenir?

¿La verdad escapa siempre a las ardientes aspiraciones del hombre? ¿Los santos y los mártires se habrán equivocado, ya que diez y ocho siglos de combates y de estudio lograron tan sólo que los que deben ser vuestros ministros sean vuestros enemigos?

Jesús le dijo: —No todos son mis enemigos, y mi Padre cuenta todavía entre ellos con almas generosas y corazones puros.

Hacia ellos iré como he venido hacia ti, para recordarles los signos de los tiempos y para abrir sus ojos a fin de que vean.

Vengo a explicarte todavía en secreto lo que enseñaba en secreto a ese doctor de la antigua ley, quien era también un hombre de deseo.

Yo le decía que la entrada al reino de Dios era un nuevo nacimiento.

La vida del mundo es una generación que se renueva sin cesar, es menester que los gérmenes del año que fenece sean depositados en la tierra para preparar las riquezas del año venidero.

Pero no se debe poner vino nuevo en vasijas viejas.

La viña de mi Padre nunca es estéril, y cada año renueva sus frutos, pero llama a los viñateros a diferentes horas del día.

Por eso llamaba a los doctores fieles de la antigua ley a un nuevo nacimiento, pues su antigua madre, la sinagoga judaica, estaba moribunda, y para nacer había que salir de su seno.

Y los que han creído han abandonado el cadáver de la sinagoga, quedando unidos a su alma, y han sido los primeros hijos de la Iglesia universal.

Pero la Iglesia universal era un cielo nuevo y una tierra nueva; y para renovar todas las cosas, había que combatir primero contra todos los poderes de la tierra y del cielo.

Por eso, los primeros cristianos construyeron un arca para luchar contra el desencadenamiento de los vientos y el solevantamiento de las aguas.

Esta arca fué la Iglesia jerárquica, la santa Iglesia universal, guardadora del símbolo de la unidad.

Mientras el arca está llevada por las aguas, avanza empujada por el soplo de Dios, y es en su seno que toda alma viviente busca un refugio; pero en cuanto se para, la familia nueva debe salir de ella para poblar de nuevo el mundo; es de este nuevo nacimiento del cual te. he hablado.

El sacerdote dijo: —Señor ¿debo pues salir de la Iglesia católica? ¿A que otra Iglesia puedo yo ingresar?

—No te digo de salir de la Iglesia católica, replicó Jesús, te invito a entrar en ella. Yo te digo que te apartes de las sombras para principiar a vivir en la luz. Te digo salir de la escuela para entrar en la sociedad y difundir allí la ciencia que has debido adquirir.

No vine a destruir la ley antigua, sino a hacerla cumplir, y ahora vengo a cumplir la nueva ley.

No he dicho ya: ¿Creed primero y comprenderéis después y conoceréis la verdad y la verdad os hará libres?

¿No he dicho yo que mi segundo advenimiento sería como el relámpago que hiere los ojos de todos y que brilla a la vez en el mundo entero?

¿No he anunciado que el espíritu de inteligencia vendría y sugeriría a mis discípulos el cumplimiento de mis palabras? ¿Y no dicen vuestros símbolos que el espíritu de inteligencia es el espíritu de amor que debe efectuar una nueva creación y que rejuvenecerá la faz de la tierra?

Pues bien, ¿no es el espíritu de amor, el espíritu de orden y de armonía que debe asociar a todos los hombres y hacerlos comulgar con la unidad divina y humana?

Quitad pues todas las trabas que impiden a los hermanos ir hacia sus hermanos, derriba las barreras que separan, ensancha las moradas que aislan, líbrese a unos de las doctrinas que rechazan y a otros de las que escogen; salid de la sinagoga ciega y entrad en la Iglesia universal que no es un conventículo de sacerdotes y doctores, sino la asociación de todos los hombres de inteligencia y de amor.

—Señor, dijo el sacerdote, haré todo lo que me dices. ¿Dónde iré primero y cómo he de empezar?

—Queda donde estás, dijo Jesús y has lo que tienes que hacer.

Instruye a los niños, catequiza a los pobres, visita a los enfermos y reza por el pueblo.

Vuestras obras no deben cambiar, pero un amor universal debe vivificarlas y fecundarlas.

Predica la misericordia de la paz, predica la modestia y el perdón de las injurias, predica las santas aspiraciones hacia Dios y la unión entre hermanos.

Que la caridad sea la ley de vuestra alma y no impondréis a la conciencia de los otros obligaciones desesperantes.

Sed bueno y humilde como mis primeros discípulos, cuando habléis a las mujeres, a los niños, al pueblo; pero sed inflexible como mis mártires cuando se quiera corromperos o intimidaros.

Lo que yo te digo, lo digo para todos los que como tú creerán en el espíritu de inteligencia y de amor, y por eso dirijo la palabra a todos ellos.

No confundais el espíritu de abstinencia con el espíritu de muerte, pues no he ordenado a mis discípulos abstenerse por algún tiempo de las riquezas de su padre, sino para enseñarles a emplearlas dignamente.

Yo te digo, en verdad, que no he venido para matar la carne, sino para salvarla, sometiéndola al espíritu.

Pues no puede haber división entre el espíritu y la carne del hombre; Dios los bendijo igualmente.

El espíritu es el rey de la carne; un rey no debe reinar para destruir.

Los órganos y los sentidos son los súbditos de la inteligencia.

Un rey debe impedir que sus súbditos obren mal, pero debe cuidar de su prosperidad y de su felicidad.

¿No es el atractivo la ley general de los seres, y no es el equilibrio y la armonía de la atracción?

Que el espíritu no aniquile la carne y que la carne no oprima el espíritu.

Pues cualquiera de estos excesos sería la muerte.

Porque no he venido para matar a los que vivían, he venido para devolver la salud a los que estaban enfermos y la vida a los que habían muerto.

Después de decir estas cosas, Jesús desapareció a la vista del buen sacerdote y lo dejó lleno de esperanza y de valor; pues veía la fuerza de Dios sostener a través de las edades los desfallecimientos de los hombres, y comprendía como la religión anda siempre a través de los siglos engrandeciéndose y siempre triunfante.

V

LA TUMBA DE SAN JUAN

En aquel tiempo, Jesús recorría todas las comarceas de la tierra con la rapidez del espíritu.

Todas estaban tristes y esperaban, y en todas partes Cristo estaba solo todavía, como en el jardín de los Olivos.

Entró como un pobre peregrino en la basílica de San Pedro, donde nadie lo reconoció, se acercó al sepulcro de los apóstoles para ver si sus reliquias estaban maduras para la resurrección, pero las cenizas de los santos aun estaban frías y continuaron durmiendo su sueño.

Uno de los apóstoles, el que según la tradición no debía morir jamás, que la pintura simbólica representa siempre joven y que tiene un águila por emblema, es el llamado apóstol de la caridad, discípulo del amor.

Es él, decían las leyendas de los primeros siglos, que debe despertar al fin de los tiempos para salvar al mundo, volviendo a encender el fuego sagrado de la caridad fraternal.

En efecto, decían las mismas leyendas que no se han hallado sus restos. Los fieles de Efeso han creído sepultarlo y guardarlo para ellos, pero ángeles han venido y han escondido al apóstol dormido en las soledades de Patmos.

Jesús se trasladó a la isla de Patmos, que parece sorprendida por el ruido de los siete truenos, y se acercó a la gruta donde dormía su fiel discípulo.

A la entrada del sepulcro yacía sentada una forma celeste e inmóvil; era una mujer cubierta con un largo manto azulado, que le cubría la cabeza y la envolvía por entero en sus anchos pliegues.

Sus manos pálidas se juntaban con fervor, y sus ojos llenos de tristeza resignada y de esperanza infinita, miraban fijamente la tumba.

Jesús se aproximó a ella y le dijo:

Madre mía, ¿sois vos? ¿Sabíais acaso que yo vendría aquí?

—Lo sabía, hijo mío, —contestó María—; pues el que aquí descansa, fué tiernamente amado por vos, y antes de morir me habéis confiado a él, diciéndole: "Aquí está tu madre".

Ahora, para que pueda volver a la tierra en la persona de las mujeres que han de comprender lo que significa ser madre, es menester que el discípulo de amor vuelva a vivir para que me proteja. Pues yo debo, hijo mío, daros al mundo por segunda vez, en la persona de todas las mujeres de inteligencia y de amor.

—Madre mía —replicó Jesús— recordad lo que el ángel dijo a las mujeres que me buscaban en el sepulcro: "¿Por qué buscáis a un vivo entre los muertos? Ha resucitado, y no está aquí.

Vos sabéis que el profeta Elías, según las tradiciones de los judíos, debía volver a la tierra para preparar mis vías. La forma de Elías se ha transfigurado y su espíritu ha vuelto en la persona de Juan el Bautista.

Por eso os digo, en verdad, que vivís ahora en la tierra en la persona de todas las mujeres que sienten estremecerse la esperanza del porvenir en su seno. Por eso, madre mía, vos aparecéis por última vez en vuestra forma simbólica.

Juan, mi discípulo bien amado, ha legado su espíritu a todos los hombres de fe y de amor que quieran edificar la nueva Jerusalem, la ciudad santa de la armonía, y yo os digo, en verdad, que estos saben honrar a su madre y que son dignos de ser llamados hijos de la mujer.

Porque someten su corazón a las inspiraciones de vuestro corazón, quieren repartir el trabajo entre todos los hijos de la gran familia, según los gustos y aptitudes de cada uno, y a fin de que juntos acopien la miel de la colmena humana que servirá después de alimento para todos.

Los que desean preservar su amor de toda servidumbre, sin que se prostituya jamás, para que la fuente de las generaciones sea pura, aprecien a la mujer.

Levantáos, pues, y venid, madre mía, al Calvario; después reviviremos en la humanidad entera. Todas las mujeres serán como vos, y todos los hombres serán como yo, y ambos seremos uno solo.

Y el Cristo, levantando a su madre y llevándola en sus brazos, como tantas veces ella lo había llevado de niño, abandonó la isla de Patmos y caminando sobre las olas del mar se dirigió hacia las playas de la Palestina.

En este momento se levantaba el sol haciendo brillar la superficie de las aguas y ambas formas celestes se deslizaron sin dejar sombras ni rastros, como una tenue nube matizada de aurora y coloreada por los reflejos del arco iris.

EL ADIOS AL CALVARIO

Jesús atravesó las yermas campiñas de la Judèa y se detuvo en la clma árida del antiguo Calvario.

Allí descansaba un ángel de negras cejas y ojos sombríos, envuelto en dos vastas alas.

Era Satán, el rey del mundo antiguo.

El ángel rebelde, triste y cansado, apartaba con disgusto sus miradas de esa tierra donde la corrupción tímida había tomado el lugar de los combates titánicos de las grandes pasiones antiguas. Comprendía que al someter a los hombres a pruebas, había instruido a los fuertes y engañado solamente a los débiles; por eso ya no quería tentar a nadie, y sombrío bajo su diadema de oro contemplaba distraidamente caer las almas en la eternidad, como gotas monótonas de lluvia eterna.

Empujado por una fuerza desconocida había venido al Calvario; recordaba la muerte del Hombre-Dios y era presa de los celos.

Poderoso y bello, su celo estaba figurado por una serpiente que hundía la cabeza en su pecho y le roía el corazón.

Jesús y María, de pie muy cerca de él, lo miraban en silencio con profunda lástima. Satán, a su vez miró al Redentor y sonrió con amargura.

—¿Vienes —le dijo— a morir por segunda vez para un mundo que tu primer suplicio no pudo salvar?

¿No has podido trocar las piedras en pan para alimentar a tu pueblo y vienes ahora a confesarme tu derrota?

¿Has caído de lo alto del templo y se ha hecho trizas tu divinidad en la caída?

¿Vienes a adorarme para poseer el mundo?

Ahora es demasiado tarde, pues no querría engañarte. El imperio del mundo salió de manos de todos los que me adoraban en tu nombre, y yo mismo estoy cansado de un reino sin gloria. Si estás tan abatido como yo, siéntate aquí, y no pensemos más en Dios ni en los hombres.

—No vengo a sentarme contigo —le contestó el Cristo— vengo a levantarte y perdonarte para que ceses de ser malo.

—No quiero tu perdón —contestó el ángel rebelde— yo no soy el malo.

El malvado es aquél que da a los espíritus sed de inteligencia y que cubre la verdad con misterio impenetrable.

Aquél que deja entrever a su amor una virgen ideal, una belleza embriagadora, y se la da para arrancarla luego de sus brazos y cargarlos de cadenas eternas. Aquél que dió libertad a los ángeles y ha dispuesto suplicios inifinitos para los que no querían ser sus esclavos.

El malvado es aquel que dió muerte a su hijo inocente so pretexto de vengar el crimen de los culpables, a quienes no ha perdonado, sino acusado de crimen por la muerte de su hijo.

—¿Por qué recuerdas tan amargamente la ignorancia y los errores de los hombres? —replicó Jesús—; yo sé mejor que tú cuánto han desfigurado a Dios, y tú bien sabes que Dios no se parece a esa imagen que de él han hecho.

Dios te ha dado sed de inteligencia para abrevarte para

siempre de verdad eterna. ¿Pero por qué cierras los ojos y buscas la luz en tí mismo en lugar de mirar al sol?

Si buscaras la luz donde está, la verías, pues en Dios no hay sombras ni misterios; las sombras están dentro de ti y los misterios son las flaquezas de tu espíritu.

Dios no ha dado la libertad a sus criaturas para quitársela después; pero se la da por esposa y no por amante ilegítima.

Quiere que nos posesionemos de ella, pero que no se la violente, porque esta casta hija del cielo no sobrevive a un ultraje; pues cuando su dignidad virginal está herida, la libertad muere para el imprudente que la ofende.

Dios no quiere esclavos; es el orgullo sublevado quien crea la esclavitud. La ley de Dios es el derecho real de sus criaturas, el título de su libertad es eterna.

Dios no ha muerto a su hijo, es el hijo de Dios quien ha dado voluntariamente su vida para matar la muerte, y por eso vive en la humanidad entera y salvará todas las generaciones; de prueba en prueba, llevará a la familia humana a la tierra prometida, de la cual ya probó los primeros frutos.

Vengo pues a anunciarte, Satanás, que ha llegado tu última hora, salvo que quieras ser libre y reinar conmigo sobre el mundo, por la inteligencia y el amor.

Pero entonces ya no te llamarás Satán, tomarás de nuevo el glorioso nombre de Lucifer y pondré una estrella sobre tu frente y una antorcha en tu mano. Y serás el genio del trabajo y de la industria porque has luchado y sufrido mucho y pensado dolorosamente.

Extenderás tus alas de un polo al otro polo y te cernirás sobre el mundo; la gloria despertará a tu voz. En vez de ser el orgullo del aislamiento, serás el sublime orgullo de la abnegación y te daré el cetro de la tierra y la llave del cielo.

—No te comprendo —dijo el demonio sacudiendo su cabeza tristemente— bien sabes tu que ya no puedo amar. Y con gesto doloroso, el ángel caído enseñó al Cristo la llaga que laceraba su pecho y la serpiente que le roía el corazón.

Jesús se volvió a su madre y la miró; María que comprendió la mirada de su hijo, se acercó al ángel desgraciado y no desdeñó de alargar su mano y tocarle el pecho herido.

A su contacto, la serpiente cayó y expiró a los pies de María, quien le aplastó la cabeza; cicatrizó la herida del corazón del ángel y una lágrima tal vez la primera, rodó lentamente sobre el rostro del arrepentido Lucifer.

Lágrima tan valiosa como la sangre de un Dios, con la cual fueron redimidas todas las blasfemias del infierno.

El ángel regenerado se prosternó en el Calvario y besó, llorando, el lugar donde antaño se clavó la cruz.

Después, levantándose triunfante de esperanza y radiante de amor, se echó en los brazos del Cristo. Tembló el Calvario; la cima árida se cubrió repentinamente de tierno verdor y de flores.

Donde había estado la cruz, brotó una viña nueva que dió maduros y perfumados frutos.

Y el Salvador dijo entonces: —Aquí está la viña que dará el vino de la comunión universal, y que crecerá hasta que sus ramas abarquen toda la superficie de la tierra.

Tomando enseguida a su madre de la mano, dió la otra al ángel de la libertad, y dijo:

—Que nuestras formas simbólicas vuelvan al cielo porque no volveré a sufrir la muerte en esta montaña, y María ya no llorará a su hijo y Lucifer ya no arrastrará los remordimientos de su crimen que está borrado.

Somos un solo Espíritu: el espíritu de inteligencia y de

amor, el espíritu de libertad y de valor, el espíritu de vida que ha triunfado de la muerte.

Los tres emprendieron su vuelo a través del espacio y elevándose a prodigiosa altura, vieron la tierra y todos sus reinos que extendían sus caminos unos hacia otros como brazos entrelazados; vieron las campiñas en que reverdecían las primeras cosechas fraternales y oyeron de Oriente a Occidente los preludios misteriosos del canto de la unión.

Hacia el Norte, sobre la cresta azulada de una montaña, se perfilaba la forma gigantesca de un hombre que alzaba sus brazos al cielo.

Sobre los brazos todavía relucían las huellas de las cadenas que acababa de romper y su pecho estaba cicatrizado como el de Lucifer.

Bajo el pie derecho y sobre el pico más agudo de la montaña, aún palpitaba el cadáver de un buitre cuya cabeza y alas colgaban.

Esta montaña era el Cáucaso; y el gigante libertado que alzaba las manos era el antiguo Prometeo.

Así se juntaban los símbolos divinos y humanos saludándose bajo el mismo cielo. Desaparecieron dejando el campo a Dios mismo que venía a habitar para siempre entre los hombres.

VII

LA ULTIMA VISION

Encima de las formas materiales y de la atmósfera terrestre, hay una región donde las almas vuelan libres de sus cadenas.

Es allí donde las aromas etéreas, obedientes al pensamiento, las revisten sucesivamente de los esplendores de la forma ideal y adornan con maravillosas bellezas el mundo espiritual de la poesía y de las visiones.

Es a esa región que nos transportan los más hermosos sueños mientras dormimos, y es allá donde en sus vigilias laboriosas, la inspiración exaltaba el genio de los grandes poetas a quienes el sentimiento de la armonía ha hecho presentir, en todo tiempo, los grandes destinos humanos.

Allí viven las imágenes y reinan las analogías; pues la poesía está en las imágenes; y la armonía de las imágenes es esencialmente analógica.

Es en esa región donde Esquilo veía los sufrimientos de Prometeo y donde Moisés oía la palabra de Jehová.

Donde el poeta más grande del Oriente, el águila de Patmos, el cantor del Apocalipsis, veía la Iglesia cristiana bajo la forma de una mujer en gestación que penosamente daba a luz al hombre del porvenir.

Es en ese mundo maravilloso de la poesía y de las visiones donde Dios le apareció bañado en luz, sosteniendo

en la mano el Evangelio eterno que se abría lentamente,
mientras los azotes asolaban al mundo y los ángeles exter-
minadores revolvían la tierra para hacer un lugar a la ciudad de la santa unión y de la armonía, la nueva Jerusalem
que bajaba del cielo completamente edificada. Y es que la
idea de la armonía existe en Dios y se realizará sola sobre la
tierra, cuando los hombres la comprendan.

Después de haber recorrido la tierra, la gloriosa figura
de Cristo se remontó a esa región etérea, enseñó y mostró
al ángel, otrora rebelde y hoy regenerado, la gran asamblea
de los mártires.

Allí se encotraban todas las víctimas del despotismo humano, todos los que habían preferido morir antes que men-
tir a su conciencia.

Las víctimas de Antíoco, los mártires de la Roma antigua y los ajusticiados de la Roma nueva.

Unos por creencias legítimas y otros que por ilusiones y
sueños, habían afrontado valerosamente la tiranía de los
hombres; todos eran puros ante Dios, pues habían sufrido
para conservar el más noble y más hermoso de sus dones:
la libertad.

Largo tiempo, sus almas vestidas de talares blancos y
manchados de sangre, habían gemido bajo el altar y pedido
justicia; y al fin había llegado el día; todos con palmas en
las manos, venían al encuentro del Redentor.

Llegó el Cristo entre su madre y el ángel del arrepentimiento, y les preguntó qué venganza querían para sus
perseguidores.

—Señor —dijeron— que sus almas nos sean donadas,
para que dispongamos de ellas durante la eternidad, así como han dispuesto de nosotros en el tiempo.

El Cristo les entregó entonces las llaves del cielo y del

infierno, diciéndoles: Las almas de vuestros perseguidores son vuestras.

Un grito de alegría y de triunfo repercutió desde las alturas del cielo hasta las profundidades del abismo, y las almas de los mártires abrieron las puertas del infierno y dieron lo mano a sus verdugos.

Cada reprobado encontró un elegido como protector, el cielo ensanchó su recinto y la virgen madre lloró de alegría al ver agruparse a su alrededor tantos hijos que creía perdidos para siempre.

Mientras que el cielo entero sonreía ante el espectáculo magnífico, un sol nuevo se levantaba sobre la tierra y la noche recogía sus velos hacia el Occidente.

Las sombrías nubes del pasado huían cargadas de fantasmas, eran las sombras de las grandes monarquías extinguidas y de los antiguos cultos muertos.

Entre la noche y la aurora naciente, el crepúsculo blanqueaba la cabeza de un anciano que permanecía sentado con la cara vuelta hacia el Oriente. Era el viajero de los siglos cristianos, el maldito de la civilización bárbara, el tipo de los parias, el viejo Aaswerus que descansaba. El pueblo al fin tenía una patria, y el judío errante había conseguido su perdón.

La tierra se convertía en el templo de Dios. La asociación universal realizaba la caridad cristiana, trabajando todos para uno y cada uno para todos.

La asociación centuplicaba las riquezas de la tierra, la unión de todos los intereses daba a los trabajos del hombre una dirección tan divina y una fuerza tan maravillosa, que las estaciones mismas cambiaban; según la promesa del apóstol, había un cielo nuevo y una tierra nueva. Y Jesús dijo al ángel de la libertad y del genio:

—Esta es la obra que debes cumplir. Esta es la ciudad nueva de la inteligencia y del amor.

La tierra está pronta, se estremece de esperanza. Los hombres la ven ahora como antes la vió el profeta, cubierta de cenizas y de osamentas; pero una vida nueva fermenta ya en esa ceniza, y un estremecimiento divino recorre esas osamentas desecadas.

Pronto se levantará al llamado del espíritu nuevo, y un pueblo nuevo ocupará las campiñas de la tierra; entonces la humanidad saldrá de un largo sueño y le parecerá ver la luz del día por primera vez.

Habiendo proferido estas palabras, el Cristo se prosternó ante el trono de su Padre, diciendo:

—Señor, que vuestra voluntad se haga sobre la tierra como en el cielo.

Y la virgen madre que es el tipo de la mujer regenerada, y el ángel de la libertad convertido en genio del orden y de la armonía, y todos los mártires consolados, y todos los reprobados arrepentidos y libres de sus penas, contestaron a una voz la palabra misteriosa que une la voluntad de las criaturas a la del Creador y todas las fuerzas humanas al poder divino: AMEN.

INDICE

SEGUNDA PARTE

TERCERA PARTE

Cena simbólica: copia de una
representación de la catacumba Lucina
(según Schmid en su Musterbuch)

La Ciencia de los Espíritus
se terminó de imprimir en
septiembre de 2021.
**La impresión de forros e interiores se llevó
a cabo en los talleres litográficos de:
BERBERA EDITORES, S. A. DE C. V.**